어린이를 위한
한국 근현대사

어린이를 위한 한국 근현대사

초판 1쇄 발행 2019년 3월 27일 | **초판 4쇄 발행** 2023년 12월 29일
글 이광희 | **그림** 김도연 | **감수** 정용욱(서울대 국사학과 교수)
펴낸이 홍석 | **이사** 홍성우 | **편집부장** 이정은 | **편집** 정미진 · 조유진 | **디자인** 권영은 · 김영주 | **외주디자인** 나비
마케팅 이송희 · 김민경 | **관리** 최우리 · 정원경 · 홍보람 · 조영행 · 김지혜
펴낸곳 도서출판 풀빛 | **등록** 1979년 3월 6일 제2021-000055호
주소 서울특별시 강서구 양천로 583 우림블루나인 A동 21층 2110호
전화 02-363-5995(영업) 02-362-8900(편집) | **팩스** 070-4275-0445 | **전자우편** kids@pulbit.co.kr
홈페이지 www.pulbit.co.kr | **블로그** blog.naver.com/pulbitbooks | **인스타그램** instagram.com/pulbitkids

ⓒ 이광희, 김도연 2019

ISBN 979-11-6172-117-0 73910

이 도서의 국립중앙도서관 출판시도서목록(CIP)은 서지정보유통지원시스템홈페이지(http://seoji.nl.go.kr)와
국가자료공동목록시스템(http://www.nl.go.kr/kolisnet)에서 이용하실 수 있습니다.(CIP제어번호: CIP2019003831)

* 책값은 뒤표지에 표시되어 있습니다.
* 잘못된 책이나 파본은 구입하신 곳에서 바꿔드립니다.

KC	**제품명** 아동 도서	**제조년월** 2023년 12월 29일	**사용연령** 10세 이상	⚠ 주 의
	제조자명 도서출판 풀빛	**제조국명** 대한민국	**전화번호** 02-363-5995	종이에 베이거나 긁히지 않도록 조심하세요. 책 모서리가 날카로우니 던지거나 떨어뜨리지 마세요.
	주소 서울특별시 강서구 양천로 583 우림블루나인 A동 21층 2110호			
	KC마크는 이 제품이 공통안전기준에 적합하였음을 의미합니다.			

어린이를 위한
한국 근현대사

이광희 글 | 김도연 그림
정용욱(서울대 국사학과 교수) 감수

풀잎

머리말

현재를 이해하는 열쇠

등잔 밑이 어둡다는 속담이 있어요. 가까운 곳에서 생긴 일을 도리어 잘 모른다는 뜻이지요. 한국 근현대사가 똑 그래요. 지금으로부터 30년, 70년, 길어야 100여 년 전에 벌어진 일이지만 500년 전 조선 시대나 1500년 전 삼국 시대 역사보다 이해하기 어려워요. 왜 그럴까요?

우선 너무 복잡하기 때문이에요. 근대가 시작된 강화도 조약 이후 이 땅에서 너무나 많은 일들이 꼬리에 꼬리를 물고 일어났어요. 그 많은 사건의 흐름과 맥락을 이해하려면 머리가 어질어질할 지경이에요.

자료가 너무 많은 것도 문제예요. 자료가 많으면 역사를 이해하는 데 도움이 되는 거 아니냐고요? 물론 그런 면도 있지요. 하지만 너무 많으면 자료에 따라 하나의 사건을 바라보는 시각이 제각각인 경우가 많아요. 분단의 원인을 놓고도 누구는 미국 때문이라고 하고, 누구는 소련 때문이라고 해요. 연구자들이 새로운 사료를 발견할 때마다 역사 내용이 휙휙 바뀌어요. 그래서 갈피를 잡기 어렵지요.

마지막으로 현재 진행형인 역사가 많다 보니 사실이 이렇다 하고 정의 내리기 조심스러워요. 정의를 내려도 부정하거나 엉뚱한 소리를 하는 사람들이 있어서 현대사를 이해하는 데 방해가 되기도 하고요. 가령 친일파의 후손들은 자기 선조의 친일 행위에 대해 극렬하게 부정해요. 군인 독재자를 옹호하는 사람들은 1980년 5.18 민주화 운동 때 북한군이 내려와 광주 시민을 학살했다는 엉뚱한 소리를 하고요. 역사적 평가가 끝난 사실들에 대해서도 이처럼 어처구니없는 일

들이 현재 진행형으로 벌어지다 보니 현대사를 이해하는 게 무척 어렵지요.

그럼에도 근현대사를 알아야 하는 이유가 있어요. 근현대사를 모르면 지금 벌어지고 있는 일들을 제대로 이해하기 어려워요. 어떻게 해방이 됐으며, 왜 친일 청산을 하지 못했는지, 누구 때문에 분단이 됐고, 왜 남과 북이 전쟁을 벌였으며, 누가 정전 협정에 사인했는지를 모르면, 오늘날 한반도 문제를 푸는 데 왜 북한과 미국 정상이 하노이에서 회담을 하는지, 누구 때문에 회담이 결렬이 되었으며, 회담이 결렬된 것을 보고 왜 우리나라 보수 세력과 일본 정부는 기쁜 표정을 감추지 못하는지 결코 이해할 수 없어요.

이 책은 강화도 조약으로 시작된 근대의 출발부터 일제 강점기, 해방과 분단 그리고 민주주의 발전과 경제 발전에 이르는 근현대사의 맥락을 잡아 주는 데 주안점을 두면서, 그 많은 사건들이 왜 일어났고, 현재와 어떻게 연결돼 있는지를 이해하는 데 도움을 주기 위해 썼어요.

역사는 현재를 비추는 거울이라고도 하고 오늘의 문제를 푸는 해답지라고도 해요. 특히 근현대사는 오늘날의 문제를 푸는 핵심 열쇠예요. 이 책이 현재를 이해하는 데 조금이나마 도움을 주는 등불이 되기를 바랍니다.

3.1 운동과 대한민국 임시 정부 100주년이 되는 해 봄

이광희

차례

| 머리말 | 현재를 이해하는 열쇠 • 4

1장 근대의 시작과 조선의 종말

500년 조선의 문이 열리다 • 10
개혁의 열망과 좌절,
갑신정변과 동학 농민 운동 • 18
빼앗긴 주권을 되찾기 위하여 • 30
1909년 10월 26일 9시 30분 • 44
기차 전차 전기 전화, 밀려드는 신문물 • 52

2장 일제 강점과 독립운동

경복궁에 일장기가 걸리던 날 • 62
3.1 운동과 대한민국 임시 정부 • 70
총, 폭탄, 주먹으로 일제를 쓰러뜨리자! • 80
경성 멋쟁이 모던 걸과 모던 보이 • 94
공장과 전쟁터로 끌려간 사람들 • 104

3장 해방, 분단, 전쟁

38선을 그은 자와 지우려는 자 · 114
남과 북에 들어선 두 개의 나라 · 126
친일파와 고국에 돌아오지 못한 사람들 · 136
1950년 6월 25일 새벽 4시 40분 · 146

4장 민주주의의 시련과 경제 발전

전쟁 끝! 이제는 재건 · 162
4.19 혁명과 5.16 군사 정변 · 170
한강의 기적이 일어나다 · 182
무너지는 유신 독재 · 192
청바지, 미니스커트 입고 통기타를 쳐! · 200
북한은 달려간다 주체의 나라로 · 208

5장 민주주의를 이뤄 낸 대한민국

신군부의 등장과 짧았던 서울의 봄 · 218
5월 광주를 넘어 6월 민주 항쟁으로 · 226
자가용 타던 중산층 외환 위기로 몰락 · 238
민주주의와 평화를 위해 한 걸음 · 250
북한도 이젠 변하겠지요? · 262

| 찾아 보기 | · 270
| 참고 문헌 | · 274
| 사진 제공 | · 275

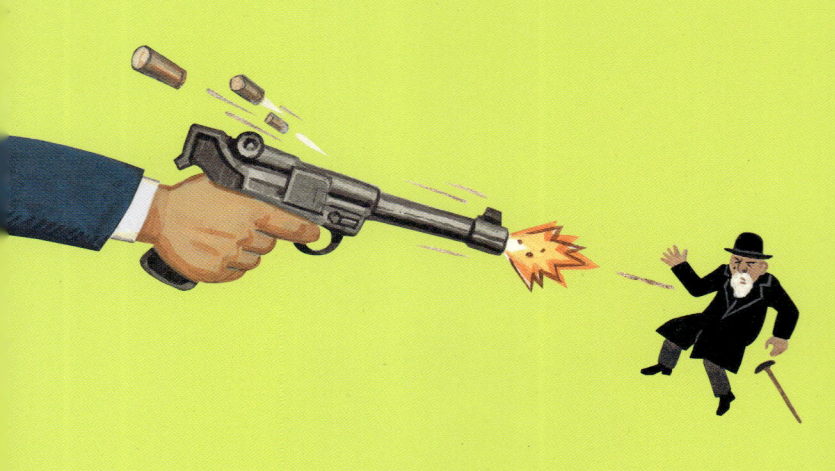

1
근대의 시작과 조선의 종말

500년 조선의 문이 열리다

나라를 세운 지 500년이 될 무렵, 조선은 서양의 힘센 나라들의
개방 압력에 시달리고 있었어요. 그들을 어찌어찌 물리쳤지만
이번엔 이웃 나라 일본이 문을 열라고 난리를 쳤어요. 조선 밖 형편에
어둡던 조선의 왕과 양반들은 문을 닫고 버티자니 힘이 없고,
열자니 불안하여 전전긍긍했어요. 마지못해 개방을 선택한
조선의 운명은 장차 어찌 될까요? 조약 문서에 도장을 찍는
관리의 표정에서 불안한 조선의 미래가 엿보이는 거 같아요.

연표

1842년 ▶ 난징 조약
중국, 영국과 1차 아편 전쟁으로 난징 조약 맺고, 문을 열다

1854년 ▶ 나가사키 개항
일본이 미국에 문을 열다

1860년 ▶ 베이징 조약
중국, 영국과 2차 아편 전쟁으로 베이징 조약을 맺고, 더 큰 폭으로 문을 열다

1866년 ▶ 병인양요
프랑스가 강화도를 공격하다

1871년 ▶ 신미양요
미국이 강화도를 공격하다

1875년 ▶ 운요호 사건
일본이 강화도를 공격하다

1876년 ▶ 강화도 조약
조선, 일본과 불평등 조약인 강화도 조약을 맺고 문을 열다

초대받지 않은 손님들의 만행

> **초지진**
> 조선 시대에 바다로 침입하는 적을 막기 위해 강화도에 설치한 요새.

1875년 9월 어느 날이었어요. 강화도 초지진에서 경계를 서고 있던 조선 병사들은 강화 해협을 지나 초지진 앞으로 다가오는 낯선 배 한 척을 눈을 가늘게 뜨고 바라보았어요. '뭐지?' 하는 사이에 낯선 배에서 작은 배로 갈아탄 군사들이 초지진을 향해 빠르게 전진해 왔어요.

"멈춰라! 멈추지 않으면 쏘겠다!"

낯선 병사들은 조선 병사들의 경고를 무시하고 점점 더 초지진 앞으로 다가왔어요. 초지진 병사들은 다가오는 배를 향해 대포를 쏘았어요. 그러자 초지진에 상륙하려던 작은 배들이 큰 배로 돌아가 초지진을 향해 대포를 쏘기 시작했지요. 그들이 쏜 대포는 조선 대포보다 화력이 강했어요. 낯선 침략자들은 강화도 옆 영종도에 상륙해 민가에 불을 지르고, 조선 사람들을 죽이고, 재물을 약탈했어요.

운요호 1875년 9월 20일 일본 군함 운요호가 강화도에 불법으로 침입하였다. 조선군과 일본군은 무력 충돌했고, 이를 계기로 나라의 문을 열라는 일본의 끈질긴 요구가 시작되었다.

이 사건이 강제로 조선의 문을 열기 위해 일본이 도발한 운요호 사건이에요. 운요호 사건 이후 일본은 조선에 사죄를 요구하고, 조선 해안을 자유롭게 다닐 수 있도록 하며, 조선의 항구를 열라고 요구했어요. 먼저 시비를 걸고 그에 대응하자 그걸 트집 잡아 조선에 개항 압력을 가한 거예요. 그로부터 반년이 지나지 않은 1876년 2월, 일본은 함대와 군인 수백 명을 데리고 와서 조선과 이른바 강화도 조약을 맺었어요. 일본이 조선을 식민지로 만드는 첫발을 디딘 것이에요.

일본, 시비 걸고 트집 잡아 조선에 개방 압력

일본은 왜 강제로 강화도 조약을 맺어 조선의 문을 열려고 한 것일까요? 이유가 있어요.

조선이 일본과 강화도 조약을 맺기 훨씬 전부터 영국이나 프랑스처럼 힘세고 잘사는 서구의 강한 나라들은 아프리카와 아시아로 몰려들었어요. 그들이 자기 나라를 떠나 아시아와 아프리카로 몰려든 까닭은 물건을 만들 원료를 확보하고, 자기네 물건을 내다 팔 시장을 개척하기 위해서였어요. 말이 좋아 개척이지, 실은 아프리카와 아시아 나라들을 식민지로 삼기 위해서였지요. 이들이 아시아에 어떻게 못된 짓을 했는지 한번 보세요.

1860년 영국과 프랑스 연합군은 청과 전쟁을 벌여 베이징을 함락했고, 그보다 6년 전인 1854년 미국은 흑선이라 불리는 검은 증기선

중국의 개항
중국은 영국과 두 차례에 걸친 아편 전쟁의 결과로 문을 열었다. 1차 아편 전쟁은 1839년에 일어났고, 영국은 난징 조약(1842)을 통해 홍콩을 가져갔으며 중국은 광저우와 상하이 등 5개 항을 개항했다. 2차 아편 전쟁은 1856년이 일어났다. 그 결과로 두 번째 불평등 조약인 베이징 조약(1860)을 맺고, 영국은 중국의 이권을 빼앗아갔으며 중국의 반식민지화가 시작되었다.

일본의 개항
미국의 페리 제독이 1853년과 1854년 두 차례 함대를 끌고 와서 일본에 개항을 요구했다. 일본이 거절하자 미국은 대포를 앞세워 협박하며 강제로 개항하게 했다.

을 타고 일본 에도만에 나타나 일본을 위협해 통상 조약을 맺었어요. 500년 넘도록 큰 나라로 받들던 중국이 무너지고, 이웃 나라 일본이 서양에 무릎을 꿇는 모습을 본 조선은 놀람과 두려움에 떨었어요. 다음은 우리?

가장 위협적인 서양 함대가 강화도에 처음 나타난 건 1866년. 그들은 몇 달 전 조선 정부가 프랑스 천주교 신부 아홉 명을 처형한 것에 대한 복수를 한다며 조선에 통상을 요구했어요. 통상은 나라 사이에 물건을 사고파는 일이에요. 당시 권력을 쥐고 있던 흥선 대원군이 통상 요구를 거절하자 그들은 강화도를 점령했어요. 흥선 대원군은 그에 맞서 장수들을 보내 프랑스 군대를 물리쳤지요. 이 사건을 병인년에 서양인들이 일으킨 난리란 뜻의 병인양요라고 해요.

병인양요 1866년 흥선 대원군의 천주교도 탄압을 구실로 삼아 프랑스군이 강화도를 침범한 사건이다. 프랑스군은 이때 외규장각 의궤 등 조선 문화재를 약탈해 갔다.

프랑스와 미국 함대는 물리쳤지만

5년 뒤인 1871년 이번엔 미국 함대가 강화도 해안으로 몰려왔어요. 미국 함대는 또 무슨 일로 강화도에 나타난 걸까요? 몇 년 전 미국 상선 제너럴셔먼호가 평양에 나타나 통상을 요구한 적이 있는데, 그때 평양을 책임지는 관리가 거부하자 미국인들이 평양 주민들에게 총을 쏘며 행패를 부렸어요. 그러자 성난 평양 주민과 군사들이 미국 배를 불사르고 선원들을 모두 죽였어요. 그 일에 대한 보복을 하겠다며 미군이 함대를 몰고 나타나 조선에 통상을 요구한 거예요. 이번에도 흥선 대원군은 미군의 요구를 묵살하고 그들을 물리쳤어요. 이 사건을 신미년에 서양인들이 일으킨 난리란 뜻으로 신미양요라 불러요.

병인양요와 신미양요 이후 흥선 대원군은 서양 오랑캐를 물리치자며 전국에 척화비를 세우고 더욱 굳게 서양의 통상 요구를 거부했어요. 그러나 이러한 통상 거부 정책은 오래가지 못했어요. 1873년 고종이 아버지인 흥선 대원군을 물러나게 한 뒤 직접 정치를 하기 시작했는데, 이후 정부 내에서 나라의 문을 열고 통상을 해야 한다는 주장이 힘을 얻기 시작했거든요.

척화비 1871년에 흥선 대원군이 외세를 배척하자며 전국에 세운 비석이다. '침범하는 서양 오랑캐와 화친할 수 없다.'라는 뜻을 새겨 넣었다.

흥선 대원군 1820~1898
고종의 아버지로 이름은 이하응이다. 원래는 왕위와 거리가 먼 왕족이었으나 아들인 고종이 어린 나이에 즉위하자 고종 대신 나라를 다스렸다.

신미양요 1871년에 강화도에 침입한 미군이다. 미국은 대동강에서 불탄 제너럴셔먼호 사건에 대해 항의하고, 조선과 통상을 맺고자 했으나 조약을 맺지 못하고 물러났다.

일본이 운요호 사건을 일으켜 조선에 개항 압력을 가한 건 바로 그 무렵이에요. 조선은 일본과 조약을 맺을 마음이 없었지만 맺고 싶지 않다고 맺지 않을 상황이 아니었어요. 정부 내에 나라의 문을 열고 통상을 해야 한다는 주장이 있기도 했고, 군대까지 동원한 일본의 압력을 물리치기가 쉽지 않았기 때문이에요.

준비되지 않은 개방이 불러온 결과

강화도 조약을 맺음에 따라 조선은 부산, 원산, 인천 세 항구를 일본 상인에게 개방하고, 조선에 온 일본 상인이 죄를 지으면 일본인 재판관에게 재판을 받도록 했어요. 이는 조선의 법을 무시하고 자기들 마음대로 행동하겠다는 뜻이에요. 또한 일본이 조선의 해안을 자유롭게 측량할 수 있도록 했어요. 일본이 이 조항을 넣은 건 장차 조선을 침략할 때 조선의 해안 지형을 잘 파악해 침략에 도움을 얻기 위해서였지요.

뿐만 아니라 무역을 할 때 세금을 붙이지 않도록 해 조선의 곡물이 일본으로 싼값에 빠져나가는 결과를 초래했고, 반면에 일본 상인들은 공산품을 조선에 들여와 팔아 큰 이득을 보게 되었어요. 강화도 조약은

강화도 조약 1876년 2월 강화도에서 조선과 일본이 조약을 맺는 모습으로 일본 측이 그린 회담장 그림이다. 이를 계기로 조선은 일본에 개항했고, 강화도 조약은 일본 식민 침탈의 시발점이 되었다.

조선이 맺은 최초의 근대적인 조약이지만 강압에 의해 어쩔 수 없이 맺은 조약인 동시에, 일본에게 유리하고 조선에는 불리한 불평등 조약이라는 평가를 받아요.

일본은 왜 강제로 조선의 문을 열려고 했을까요? 조선과 자유롭게 물건을 사고팔기 위해? 아니면 이웃나라 조선과 친하게 지내려고? 문제가 그렇게 단순하지 않아요. 당시는 서구의 힘센 나라가 약한 나라를 식민지로 삼던 제국주의● 시대였어요. 일본은 영국과 프랑스처럼 제국주의 나라가 되고 싶었어요. 그들이 식민지로 삼고 싶은 나라는 조선이었고, 첫 도발이 강화도 조약이었지요.

> **제국주의**
> 우월한 군사력과 경제력으로 다른 나라를 식민지로 만들어 대국가를 건설하려는 정책이나 사상.

준비도 없이, 일본의 강요에 의해 어쩔 수 없이 나라의 문을 연 조선. 조선은 밀려드는 외세의 거친 파도를 헤쳐 나갈 수 있을까요?

1장 근대의 시작과 조선의 종말 **17**

개혁의 열망과 좌절, 갑신정변과 동학 농민 운동

조선은 일본의 강압에 의해 나라의 문을 열었지만 모두가 개방에
반대한 건 아니에요. 외려 더 적극적으로 개방 정책을 실시해
서구의 선진 기술과 제도를 받아들여야 한다고 주장한 사람들이 있었어요.
개화파로 불리는 사람들이 바로 그들이지요.
개화파는 어떤 일을 했을까요?

--- 연표 ---

1882년 ▶ 임오군란
구식 군인들이 신식 군대인 별기군과의 차별에 분노해 일어나다

1884년 ▶ 갑신정변
개화파가 조선의 근대화를 꾀하다

1894년 ▶ 동학 농민 운동
동학 농민, 나라를 위해 혁명을 일으키다

개화파에 의한, 개화파를 위한

조선이 일본의 강압에 의해 어쩔 수 없이 문을 열었지만, 오히려 더 적극적으로 문을 열고 통상을 해야 한다고 주장한 사람들이 있었다고 했지요? 개화파로 불린 사람들이에요. 개화파는 20대 전 후반의 양반 자제들로, 개화사상가이자 정치가인 박규수로부터 개화사상을 받아들였어요. 박규수는 개화파 동지인 통역관 오경석과 의원 유홍기와 함께 젊은이들에게 개화사상을 심어 주었어요.

박규수의 사랑방에서 개화사상을 받아들인 김옥균, 박영효, 홍영식, 서광범, 김윤식, 어윤중 등의 청년들은 과거에 급제한 뒤 정부의 관료가 되었어요. 이들 가운데 김옥균, 박영효, 홍영식, 서광범 등 급진 개화파는 낡은 정치를 개혁하고 일본의 앞선 문물을 받아들여 조선을 부강한 나라로 만들어야 한다고 주장했어요. 하지만 권력을 쥐고 있던 왕비의 친척들과 수구파가 권력을 유지하는 데 골몰하며 개혁을 방해하는 바람에 개화파의 노력은 빛을 보지 못했어요. 그러던 1882년 뜻하지 않은 사건으로 개화파는 큰 위기를 맞았어요. 뜻하지 않은 사건이란 임오군란이라 불리는 구식 군대의 봉기였어요.

박규수 1807~1877
개화사상가로 박지원의 손자이다. 중국을 여러 차례 방문하며 앞선 서양 기술을 접했던 박규수는 서구 문물을 받아들여 조선을 개혁하고자 했다.

수구파
진보적인 것을 외면하고 옛 제도나 풍습을 그대로 지키고 따르려는 보수적인 집단.

개화파 조선 후기 나라의 문을 열고 서양 문물을 받아들이자고 주장한 사람들이다. 왼쪽부터 박영효, 서광범, 서재필, 김옥균이다.

구식 군인들, 차별 대우에 분노 폭발

구식 군인들은 정부가 신식 군대인 별기군과 차별하는 데 불만이 컸어요. 그런 와중에 정부가 밀린 봉급으로 모래가 섞인 쌀을 지급하자 폭발하고 말았어요. 봉기한 구식 군인들은 수구파 관료와 신식 군대의 일본인 교관을 죽이고 궁궐로 쳐들어가 정치를 어지럽힌 왕비를 내놓으라고 소리쳤어요.

왕비는 가까스로 도망쳤고, 다급해진 정부는 청에 군대를 보내달라고 요청했어요. 청은 조선에 병사 3천 명을 보내 임오군란을 진압했어요. 이때 조선에 들어온 청군 지휘관은 예부터 조선은 청에 속한 나라라며 노골적으로 조선 정치에 간섭했어요. 수구파를 내세워 개화파의 개혁을 방해했고요. 김옥균과 개화파는 불안했어요. '이러다가 청이 점점 더 조선을 지배하게 되고, 조선의 개혁도 물거품이 되는 것은 아닐까? 어떻게든 수구파를 몰아내야 할 텐데…….'

개화파에게 찾아 온 절호의 기회

그러던 1884년 갑신년 봄 개화파에게 절호의 기회가 찾아왔어요. 베트남을 놓고 프랑스와 전쟁을 벌이고 있던 청군은 전세가 불리해지자 조선에 있던 병력 일부를 베트남 전선으로 보냈어요. 김옥균과 개화파는 청군의 힘이 빠진 지금이 수구파를 몰아낼 기회라고 판단했어요. 디데이는 우정국 개국을 축하는 잔칫날 10월 17일 밤!

> **우정국**
> 우편 업무를 보던 관청. 지금의 우체국과 비슷하다.

우정국 개국 축하 잔치가 한창 무르익을 무렵, 개화파는 잔치에 참석한 수구파를 처단하고 곧바로 창덕궁으로 달려갔어요.
"전하, 사변이 발생했습니다. 어서 경우궁으로 몸을 피하십시오."

경우궁은 정식 궁궐이 아니라 정조 임금 후궁의 사당인데, 김옥균은 경우궁이 창덕궁보다 좁아 만약에 청군이 자신들을 공격해 오더라도 방어하기에 유리하다고 판단한 것이지요. 개화파는 이어 왕명이라고 속여 수구파 관리들을 경우궁으로 불러들여 죽였어요. 수구파를 제거한 개화파는 정부 요직에 개화파 인사들을 앉히고 밤새 개혁 정책을 만들었어요.

정변 이틀째인 다음 날. 개화파가 정변을 일으켰다는 사실을 눈치챈 왕비는 청군에 도움을 요청했어요. 그러면서 경우궁이 좁다며 창덕궁으로 돌아가겠다고 고집을 부렸어요. 김옥균은 창덕궁은 너무 넓어 수비하기 어렵다며 반대했지만 정변을 도와준 일본 공사는 일본군이 충분히 청군을 방어할 수 있다며 고종과 왕비를 창덕궁으로 모시라고 권했어요.

청군 진격에 3일 만에 무너진 개화파

정변 3일 째 되던 날. 개화파가 붙여 놓은 혁신 정책안의 먹물이 채 마르기도 전에 청군 1천500여 명이 창덕궁으로 밀어닥쳤어요. 청군의 공격에 개화파 군인들이 무너지고, 도와주기로 한 일본군이 제대로 싸우지도 않고 도망가 버리는 바람에 김옥균과 박영효 등 개화파 인사들은 황급히 일본으로 도망쳐야 했지요. 이것으로 갑신정변은 3일 만에 막을 내렸고, 청으로부터 독립을 이루고, 정치를 개혁하고,

신식 학교와 신식 군대를 세워 조선을 부강한 나라로 만들려던 개화파의 꿈은 물거품이 되고 말았어요.

갑신정변은 왜 실패했을까요? 청군의 공격에 대한 대비가 허술했고, 민중들의 지지를 받지 못했기 때문이에요. 그렇잖아도 백성들은 경제를 침탈하는 일본에 불만이 많았는데, 개화파란 사람들이 그런 일본의 도움을 받아 정변을 일으켰으니 민중들이 지지할 리가 있겠어요?

갑신정변 이후 왕비와 수구파는 개화파를 철저하게 처단했어요. 이후 왕비와 수구파는 더욱더 사리사욕을 채우는 데 열을 올렸어요. 그 때문에 조선 민중들은 더욱더 살기 힘들어졌어요.

일본 신문에 실린 김옥균 암살 장면
갑신정변에 실패한 김옥균은 일본으로 망명했으나 일본 정부의 박해를 받아 다시 상하이로 망명했다. 이후 조선에서 보낸 자객 홍종우에게 암살되었다.

동학 농민들 '부패한 조선을 개혁하자!'

갑신정변이 실패로 돌아간 지 10년 뒤, 이번엔 농민들이 조선을 개혁하기 위해 일어났어요. 당시 농민들은 가혹하게 세금을 거두는 고을 수령들 때문에 죽을 맛이었어요. 게다가 개항 이후엔 살림살이가 더 나빠졌어요. 농산물이 싼값에 일본으로 빠져 나가는 바람에 쌀이 부족해지고, 일본 공산품이 들어와 우리 수공업이 몰락하고, 물가는 오르고, 그 와중에도 수령들의 수탈은 그치지 않았거든요.

전라도 고부 군수로 부임한 조병갑은 별의별 구실을 붙여 농민들을 괴롭혔어요. 멀쩡한 저수지가 있는데 새 저수지를 만들고는 그 물을 쓰는 농민들에게 세금을 받고, 이에 항의하는 농민들을 잡아다 때려죽이기까지 했지요. 참다못한 농민들은 1894년 1월 전봉준을 앞세워 고부 관아로 쳐들어갔어요. 그날의 고부 관아 습격은 동학 농민 운동의 시발점이 되었어요.

고부 관아 습격 사건 이후 정부는 고부에 안핵사를 파견했어요. 안핵사는 민심을 수습하기 위해 파견하는 관리예요. 고부에 온 안핵사는 농민들을 달래기는커녕 농민들을 역적으로 몰아 잡아갔어요. 분노한 전봉준과 동학 농민들은 서울로 쳐들어가 정부에 이러한 사실을 알리기로 뜻을 모았어요.

동학 농민
동학이라는 종교를 믿는 농민. 동학은 천주교인 서학에 대항해 최제우가 만든 종교로, 사람이 곧 하늘이라는 평등사상을 강조한 종교이다. 신분 차별과 가혹한 수탈에 시달려 온 농민들의 호응을 받았다.

한양으로 쳐들어가 부패한 고관을 처단하자!

1894년 3월 전라도 무장에서 봉기한 동학 농민들은 전라도 여러 고을의 관아를 접수한 뒤 전라도에서 가장 중심이 되는 전주성으로 들어갔어요. 동학 농민군이 전주성을 점령하자 당황한 정부는 요구를 들어주겠다며 평화 조약을 맺자고 요구했어요. 그에 따라 정부와 동학 농민군 사이에 조약이 맺어졌어요. 이를 전주 화약이라고 해요.

동학 농민군은 정부의 약속을 믿고 자기 고을로 돌아가 집강소를

동학 농민 운동 1894년에 전봉준 등을 지도자로 앞세운 동학 농민들이 일으킨 개혁 운동이다. 한때는 관군을 무찌르고 전라도와 충청도, 경상도를 휩쓸었으나, 청과 일본의 개입으로 실패했다. 그림은 우금치 전투를 상상해서 그린 기록화이다.

설치했어요. 집강소는 동학 농민들이 개혁을 위해 만든 일종의 농민 자치 기구예요. 집강소를 통해 동학 농민들은 고을의 치안을 유지하고, 잘못된 행정을 바로잡는 일을 했어요. 농민들 스스로 개혁 기구를 만든 셈이었지요.

농민군이 자기 고을로 돌아가 집강소 활동을 하며 세력을 유지하자 위협을 느낀 정부는 동학 농민군을 진압하기 위해 청군에 도움을 요청했어요. 임오군란과 갑신정변에 이어 세 번째 청군을 요청한 거예요!

조선 정부의 요청으로 청군이 아산만에 상륙하자, 어느 한 나라가 조선에 군대를 파견할 경우 상대 나라에 알린다는 톈진 조약*에 따라 일본군도 인천항으로 들어왔어요. 당황한 정부는 동학 농민군과 전투를 중지하자는 약속을 하고 청군과 일본군에게 조선에서 나가 달라고 요구했어요.

하지만 조선을 확실히 손아귀에 넣고 싶었던 일본군은 군대를 철수하지 않고 외려 경복궁을 점령해 친일 내각을 세운 뒤 돌연 청군과 전쟁을 벌였어요. 정부와 평화 조약을 맺고 집으로 돌아가 있던 동학 농민군은 황당했지요. 전봉준을 중심으로 한 동학 농민군은 일본을 몰아내기 위해 또다시 무기를 들고일어났어요.

수만 명의 동학 농민군이 서울로 향하는 중요 길목인 공주로 진격했어요. 공주로 들어가는 입구 우금치 고갯마루 양편에는 기관총으로 무장한 조선 관군과 일본군 연합군이 진을 치고 동학 농민군을 기

> **톈진 조약**
> 1885년에 중국의 톈진에서 일본과 청나라가 맺은 조약. 이토 히로부미와 이홍장이 조선에 있는 일본군과 청나라 군대를 철수할 것과 군대를 조선에 다시 파견할 때는 서로에게 미리 알릴 것을 합의했다.

1장 근대의 시작과 조선의 종말 27

다리고 있었어요. 전투가 시작되자 동학 농민군은 조선 관군과 일본군 연합군의 총에 무참히 쓰러지고 말았지요.

동학 농민 운동은 실패했지만

우금치 전투에서 패한 전봉준은 전라도 방면으로 후퇴하던 중 옛 부하의 집에서 붙잡혀 처형을 당했어요. 이로써 낡고 부패한 봉건 사회를 개혁하고, 조선을 넘보는 일본을 물리치고자 했던 농민들의 열망은 꺼져 가는 불꽃처럼 사그라지고 말았어요.

한양으로 압송되는 전봉준 관군을 피해 정읍에 머물고 있던 전봉준(1855~1895)은 1894년 12월 부하였던 김경천의 밀고로 순창에서 체포되어 한양으로 압송되었고 교수형에 처해졌다.

아쉬움이 남는 순간이에요. 정부가 농민들의 개혁 열망을 받아들여 나라를 개혁했더라면 조선의 역사는 조금 달라졌을 거예요. 하지만 정부는 농민들의 개혁 요구를 수용하지 않고 남의 나라 군대를 끌어들여 농민들을 진압했어요.

비록 동학 농민 운동이 일본군의 개입으로 실패했지만 그 정신만은 죽지 않고 살아남았어요. 낡고 부패한 체제를 무너뜨리려는 개혁 정신, 신분제와 여성 차별을 깨뜨리려는 평등사상 그리고 외세를 물리치려는 동학 농민들의 애국심은 일제 침탈에 맞서 싸운 의병 항쟁 속에, 빼앗긴 나라를 되찾기 위해 만주에서 총을 들고 일제와 싸웠던 무장 독립 전쟁 속에, 독재를 물리치기 위해 투쟁했던 민주화 운동 속에 그리고 정의 실현을 위해 촛불을 들었던 수많은 시민들의 마음속에 면면히 이어져 왔어요.

빼앗긴 주권을 되찾기 위하여

고종 황제가 좌불안석이군요. 고종은 왜 저렇게 안절부절못하는 걸까요?
일본의 협박 때문이에요. 대한 제국의 외교권을 빼앗은 일본은 마지막으로
병합 문서에 도장을 찍으라고 고종을 협박했어요.
이대로 나라를 빼앗기는 걸까요? 아니에요. 양반, 군인, 농민, 노비들이
의병을 일으켜 일본군과 싸웠거든요. 빼앗긴 주권을 되찾기 위해서요!

───────── **연표** ─────────

1894~1895년 ▶ 청일 전쟁
일본이 조선의 지배권을 얻기 위한 청나라와의 싸움에서 승리하다

1895년 ▶ 을미사변
명성황후가 일본이 보낸 자객에게 시해당하다

1896년 ▶ 아관 파천
고종이 러시아 공사관으로 몸을 피하다

1897년 ▶ 대한 제국 선포
나라의 이름을 대한 제국으로 고치다

1898년 ▶ 만민 공동회
독립 협회가 만민 공동회를 열다

1904~1905년 ▶ 러일 전쟁
일본이 모두의 예상을 깨고 러시아와의 전쟁에서 승리하다

1905년 ▶ 을사늑약
대한 제국이 일본에 외교권을 박탈당하다

'눈엣가시' 조선 왕비 시해 사건

동학 농민 운동 때 조선에 군대를 보낸 청과 일본이 전쟁을 했다고 한 것 기억하나요? 이 전쟁을 청일 전쟁이라고 해요. 청일 전쟁에서 승리한 일본은 조선뿐만 아니라 청의 영토에도 욕심을 냈어요. 일본은 청을 협박해 청의 영토인 랴오둥 반도를 빌렸어요. 말이 좋아 빌린 거지 실은 빼앗은 거나 다름없어요. 그러자 러시아가 일본을 방해하고 나섰어요.

러시아는 독일, 프랑스와 손잡고 일본에게 청으로부터 빼앗은 랴오둥 반도를 돌려주라고 권고했어요. 러시아보다 힘이 약했던 일본은 분한 눈물을 삼키며 랴오둥에서 물러났지요. 이 사건을 세 나라가 일본에 간섭했다 하여 삼국 간섭이라고 불러요.

러시아의 힘을 확인한 조선은 일본의 침탈을 막아 줄 러시아에게 기대를 걸게 되었어요. 그러자 일본은 이 모든 일을 고종의 왕비인 민씨가 주도한다고 생각해 자객들을 동원해 왕비를 시해했어요. 1895년에 일어난 을미사변이에요.

랴오둥 반도
압록강 서북쪽에 있는 반도로 중국의 수도인 베이징으로 진입하는 중요한 지역이다. 일본이 랴오둥 반도를 빌린 것은 대륙 진출의 발판을 마련하겠다는 의지이다.

을미사변을 일으킨 일본인들 왕비를 시해한 일본인들이 한성 사보 앞에서 찍은 사진이다. 이들은 신문사 사장이나 기자와 같은 지식인과 낭인들이었다.

러시아 공사관으로 피신한 고종

일본인들이 궁궐에 침입해 왕비를 시해한 모습을 목격한 고종은 일본군의 방비가 소홀한 틈을 타 러시아 공사관으로 피난을 갔어요. 이 사건을 아관 파천이라 부르는데, 아관은 러시아 공사관, 파천은 피난을 뜻해요. 고종을 손아귀에 넣은 러시아는 러시아와 친한 관리로 내각을 구성하고, 조선에서 자기들 이권을 챙기는 데 열을 올렸어요.

고종이 러시아 공사관에서 왕 구실을 못하고 있자 백성들은 고종에게 궁으로 돌아오라고 요구했어요. 그 가운데 가장 강력하게 고종의 환궁을 요구한 사람들이 독립 협회 회원들이에요. 독립 협회는 서재필, 윤치호, 이완용 등 이른바 개화파 지식인들이 만든 단체예요.

결국 고종은 궁을 떠난 지 1년 만에 덕수궁으로 돌아왔어요. 그러고 나서 몇 달 뒤인 1897년 8월

고종 1852~1919
조선의 26대 왕이자 대한제국의 초대 황제이다. 흥선 대원군과 왕비의 세력 다툼 속에서 일본과 청, 러시아의 내정 간섭까지 겪다가 결국 나라를 잃은 비운의 왕이 되었다.

러시아 공사관 을미사변 이후 1896년 2월 11일부터 약 1년간 고종과 세자가 일본군을 피해 머물렀던 곳이다.

대한 제국을 선포했어요. 임오군란 이후 청의 간섭, 청일 전쟁 이후 일본의 간섭, 아관 파천 이후 러시아의 간섭을 모두 물리치고 당당한 제국의 황제가 되겠다는 선언이었지요.

고종이 나라를 제국으로 바꾸고 새로운 나라를 만들겠다고 선언했지만 외세의 침탈을 막지는 못했어요. 일본과 러시아, 미국 등 대한 제국 주변의 힘센 나라들이 조선에서 광산 채굴권, 살림 벌목권, 어업권, 철도 부설권 등을 따내 이권을 챙기려 들었거든요. 민중들은 이를 보고 가만있지 않았어요. 주권을 지키기 위해 교육을 통해, 집회를 통해, 때론 의병을 일으켜 외세에 맞서 싸웠지요.

외세 침탈에 맞선 만민 공동회

독립 협회는 서구 열강의 침탈에 맞서 1898년 3월부터 12월까지 종로에서 만민 공동회를 개최했어요. 만민 공동회는 오늘날 촛불 집회처럼 만백성이 모여 함께 집회를 여는 거예요. 만민 공동회에 나선 백성들은 조선에서 이권을 차지하려는 서구 열강을 강력하게 비판했어요. 가장 비판을 받은 나라는 조선에서 가장 큰 이권을 챙기고 있던 러시아였어요.

만민 공동회의 열기가 예상보다 뜨거워지자 위기를 느낀 친러파 관리들은 고종에게 만민 공동회가 고종을 몰아내려 한다는 거짓 보고를 올렸어요. 고종은 독립 협회 지도부를 체포하고 만민 공동회를 탄압했어요. 민중들은 이에 굴하지 않고 여러 날 동안 밤새워 장작불을 밝히며 시위를 벌였어요. 그러자 보수 세력이 권력을 잡은 정부는 만민 공동회를 습격했어요.

결국 외세의 침탈을 물리치고 근대적인 나라를 만들려던 독립 협회와 만민 공동회는 해산됐어요. 갑신정변과 동학 농민 운동에 이어 만민 공동회마저 좌절되며 나라를 새롭게 할 또 한 번의 기회를 날려 버리고 말았지요.

만민 공동회 1898년에 독립 협회 주최로 서울 종로 네거리에서 열린 만민 공동회. 모인 사람들은 외세를 물리치고, 언론, 집회의 자유를 보장할 것을 주장했다.

외교권을 박탈당한 을사조약

청일 전쟁에서 승리한 일본이 랴오둥 반도를 차지하자 러시아가 독일, 프랑스와 손잡고 일본에게 랴오둥 반도를 청에 돌려주라고 했던 삼국 간섭을 기억하나요? 삼국 간섭으로 랴오둥 반도를 돌려주어야 했던 일본은 너무나 분해서 자살하는 군인이 생겨나고 난리도 아니었어요. 그때부터 일본은 러시아에 이를 갈며 복수를 다짐했지요. 그렇게 10년 동안 칼을 간 일본은 1904년 러시아와 전쟁을 벌였어요.

아시아의 섬나라 일본이 러시아 제국을 상대로 전쟁을 벌이자 세계의 모든 나라들은 당연히 러시아가 승리할 거라고 예상했어요. 하지만 모두의 예상을 깨고 일본이 러시아를 이겼어요. 일본이 러시아를 이긴 데는 영국과 미국의 지원이 큰 역할을 했어요. 영국과 미국이 러시아가 만주를 지나 한반도로 내려오는 걸 막기 위해 일본에 전쟁 자금을 대 주었거든요. 미국과 영국의 도움으로 러시아와의 전쟁에서 승리한 일본은 한반도를 집어삼키기 위한 막바지 작업에 들어갔어요.

일본은 가장 먼저 영국과 동맹을 맺어 영국의 동의를 받아 냈어요. 미국과는 은밀히 만나 미국은 필리핀을 식민지로 삼고, 일본은 대한 제국을 식민지로 삼는다는 데 합의를

을사조약 1905년 일본이 조선의 외교권을 빼앗기 위해 강제로 체결한 조약이다. 고종이 끝까지 반대하자 이토 히로부미는 조선 대신들에게 위협을 가하며 강제로 조약을 맺게 했다. 을사조약에 찬성한 대신들은 박제순, 이완용, 이지용, 이근택, 권중현이며 이들을 을사오적이라고 한다.

을사조약 문서

을사조약이 맺어진 중명전

봤고요. 이 합의가 그 유명한 가쓰라 태프트 밀약이에요. 마지막으로 일본은 러시아와 포츠머스 조약을 맺어 일본이 한반도를 차지하는 데 러시아가 간섭하지 않는다는 동의를 받아 냈어요. 영국, 미국, 러시아의 동의와 지지를 얻은 일본은 해가 다가기 전인 1905년 11월 고종과 대한 제국 대신들을 협박해 을사조약을 맺었어요.

을사조약으로 우리는 일본에 외교권을 빼앗겼어요. 한 나라가 외교권이 없다는 건 주권 국가가 아니라는 의미예요. 때문에 을사조약 이후 대한 제국은 사실상 일본의 식민지로 떨어진 거나 마찬가지였지요.

일제, 외교권과 사법권 빼앗고 군대를 해산하다

을사조약은 강제로 맺었다는 뜻에서 을사늑약이라고 해요. 을사늑약이 체결되자 장지연은 〈황성신문〉 사설에서 오늘 목 놓아 울부짖는다며 울분을 토해 냈고, 나철 등은 을사늑약에 찬성한 이완용 등 을사오적을 처단하기 위해 나섰고, 대한 제국의 관리였던 민영환은 칼로 자결*을 했어요. 그리고 지식인 양반들과 민중들은 전국 각지에서 의병을 일으켜 일제* 침탈에 맞서 싸웠어요.

1907년 고종은 을사늑약의 부당함을 전 세계에 알리고자 이상설, 이준, 이위종을 네덜란드 헤이그에서 열리는 만국 평화 회의에 특사로 파견했어요. 이 일을 빌미로 일제는 고종을 황제 자리에서 끌어내리고, 우리 군대를 해산시켰어요. 군대 해산에 반발한 대한 제국 군인들은 의병을 일으켰지요.

의병은 대한 제국이 식민지가 되기 바로 전까지 일제와 치열하게 싸웠어요. 일제가 우리의 외교권을 빼앗고, 경찰권, 사법권 그리고 군대마저 해산시키고도 바로 식민지로 만들지 못한 건 바로 나라를 지키기 위해 자발적으로 일어난 의병의 저항 때문이었다고 해요.

자결
분을 참지 못하거나 지조를 지키기 위해 스스로 목숨을 끊음.

일제
일본 제국주의, 일본 제국을 줄인 말.

민영환 1861~1905
고종의 외사촌으로 오랫동안 권력의 핵심에 있었다. 을사늑약이 체결되자 이를 막지 못한 점을 2천만 동포에게 사죄한다는 유서를 남기고 자결했다.

헤이그 특사 고종이 1907년 을사늑약의 부당함을 알리기 위해 파견한 사람들이다. 왼쪽부터 이준, 이상설, 이위종으로 이들은 일본의 방해로 만국 평화 회의에 참석하지 못했다.

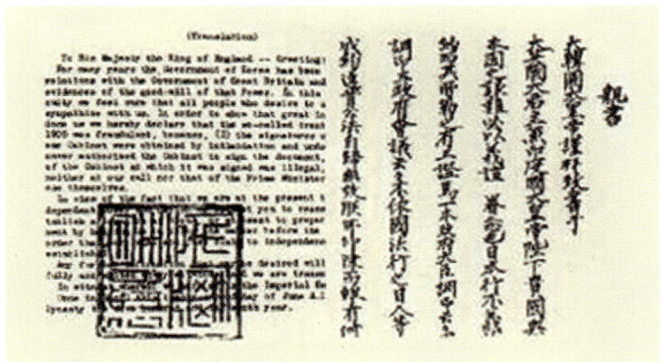

고종의 친서 1906년 1월 29일 고종이 작성한 선언서다. 영국 〈트리뷴〉에 실려 을사늑약의 불법성을 세계에 알렸다.

정미의병 영국 기자 매켄지가 찍은 사진이다. 이 무렵 일본에 의해 강제 해산된 군인이 의병에 참여하면서 의병의 전투력이 향상되었다.

실력을 길러 국권을 회복하자!

강제로 을사늑약을 체결한 일제는 의병 운동뿐만 아니라 자기들에게 반대하는 정치 운동도 철저하게 탄압했어요. 정치 운동이 어렵게 되자 실력을 길러 국권을 회복해야 한다고 생각한 지식인들이 애국 계몽 운동을 벌였어요. 애국 계몽 운동은 민중들을 깨우치고 힘을 길러 국권을 되찾자는 운동이에요. 애국 계몽 운동가들은 먼저 언론 활동을 통해 민중들에게 일제의 침략을 폭로하고 애국 사상을 심어 주려고 노력했어요.

이 운동에 앞장 선 신문은 〈대한매일신보〉예요. 영국인 베델이 만든 신문인데, 일제는 외국인이 주인인 이 신문을 함부로 하지 못했어요. 〈대한매일신보〉의 논설 기자인 박은식과 신채호는 그 점을 활용해 일제 침략을 맹렬히 비판했지요. 신채호는 날카로운 논설을 통해 일제 침략을 규탄하는 한편, 《을지문덕전》과 《이순신전》처럼 나라를 구한 영웅 이야기를 책으로 써서 민중들에게 애국심을 불러일으켰어요.

〈대한매일신보〉는 대구에서 시작된 국채 보상 운동을 전국적으로 확산시키는 데도 큰

어니스트 베델 1872~1909
베델은 일본에서 무역 일을 하다가 러일 전쟁이 터지자 영국 신문의 특파원 자격으로 조선에 왔다. 한국 이름은 '배설'이다.

대한매일신보 창간호 1904년에 창간된 신문으로 양기탁과 베델이 함께 만들었으나 일본의 탄압에서 자유롭게 활동하기 위해 영국인인 베델을 발행인으로 내세웠다.

역할을 했어요. 국채 보상 운동은 온 국민이 돈을 모아 일본에 진 빚, 즉 국채를 갚자는 운동이에요. 〈대한매일신보〉는 일본에 진 빚을 갚지 않으면 대한 제국이 일제에 통째로 넘어간다며 남자는 담배를 끊고, 여자는 금비녀와 금가락지를 팔아서 일본에 진 빚을 갚자고 민중들을 독려했어요. 하지만 일제가 이러한 경제 운동마저 탄압하는 바람에 끝내 빚을 다 갚지는 못했지요.

비밀 결사 조직 신민회를 만든 까닭

일제가 합법적인 애국 계몽 운동마저 탄압하자 독립운동가들은 신민회라는 비밀 결사체를 만들어 애국 계몽 운동을 벌였어요. 신민회는 평양의 대성 학교, 정주의 오산 학교 등을 세워 학생들에게 새로운 사상과 학문을 가르치고, 전국을 돌며 학생과 대중들에게 독립 의식을 고취시키는 연설을 했어요. 하지만 일제의 탄압으로 신민회의 활동도 어렵게 되었어요.

합법적인 활동이 어렵게 되자 신민회는 일제의 탄압이 미치지 않는 만주에 해외 독립군 기지를 만들어 일제와 독립

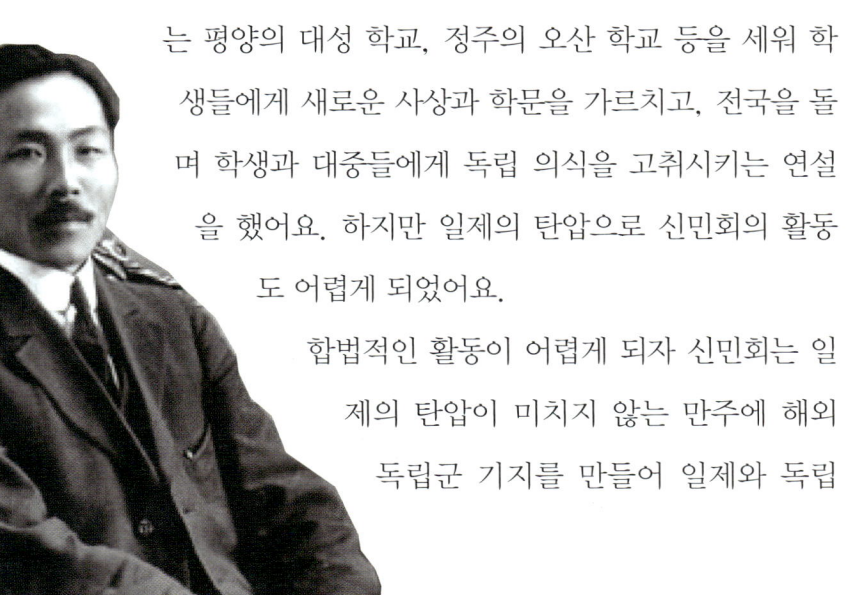

안창호 1878~1938
양기탁, 신채호, 이승훈과 함께 신민회를 만들었다. 신민회가 일본에 의해 해산되자 흥사단을 만들어 민족 지도자를 키웠다. 대한민국 임시 정부에도 적극적으로 참여했다.

이회영 1867~1932
조선 명문가의 자제로 나라를 잃자 여섯 형제 모두 전 재산을 팔아 만주로 망명하여 항일 독립운동을 펼쳤다. 신흥 무관 학교를 설립하여 인재를 양성했으며 신민회와 의열단을 후원하는 등 항일 운동 전반에 관여했다.

전쟁을 벌이기로 결정했어요. 이 계획을 실현하기 위해 신민회는 만주에 있는 토지를 구입하고, 국내에 있는 애국 인사와 청년들을 단체로 이주시켜 학교와 무관 학교를 설립하기로 했어요. 신민회의 해외 독립군 기지 건설 계획은 일제 강점 이후 이회영과 그의 형제들이 서간도에 세운 신흥 무관 학교를 통해 실현이 됐어요. 신흥 무관 학교 출신의 독립군들은 봉오동 전투와 청산리 전투에 참가해 일본군을 물리치는 데 큰 역할을 하며 조국의 독립을 앞당겼지요.

대성 학교 평양 대성 학교의 처음이자 마지막 졸업식(1912년) 사진이다. 안창호가 세운 학교로 일본 국기를 거는 것을 거부하다 문을 닫고 말았다.

실력 양성론의 한계

　일제에 병합되기 전 전개됐던 애국 계몽 운동은 학생과 민중의 애국심을 드높여 수많은 독립운동가를 길러 냈다는 데에 의의가 있어요. 애국 계몽 운동가 중엔 훗날 조국의 독립을 위해 헌신한 독립운동가도 많아요.

　하지만 한계도 또렷해요. 애국 계몽 운동을 펼치던 일부 지식인들은 실력을 길러 국권을 회복하는 게 중요하다고 생각한 나머지 일제와 총을 들고 싸우는 의병 투쟁 방식이 국권 회복을 위한 올바른 방향이 아니라고 비판했어요. 심지어 이들은 일제 식민 통치가 본격화되자 독립을 주장하기보다는 먼저 일본에게서 자치권을 얻어야 한다고 주장했어요. 일제 식민지가 된 현실을 인정하고 그 안에서 우리 민족이 살 길을 찾아야 한다는 말인데, 어떤가요? 일제 식민지하에서 우리 민족이 나아가야 할 방향으로 괜찮아 보이나요?

1909년 10월 26일 9시 30분

그날 그 시간 안중근은 하얼빈역에서 이토 히로부미를 기다렸어요.
아주 간절하게요. 조선 침략의 제일 원흉인 이토 히로부미를 처단하려고요.
하마터면 안중근은 이토 히로부미를 못 만날 뻔했어요. 이토가 환영 나온
일본인들과 인사하기 위해 플랫폼에 잠깐 내려와서 정말 다행이에요.
권총을 품고 눈이 빠지도록 그를 기다리던 안중근에게는요.

인물

안중근 ▶ 1879년 9월 2일～1910년 3월 26일

조선 말기의 교육가. 의병장. 의사(義士). 을사늑약이 체결되는 것을 보고 삼흥 학교를 세우고,
돈화 학교를 인수하여 인재 양성에 힘썼다. 그러나 나라의 독립이 점점 어려워지자
합법적인 방법으로는 나라를 바로 세울 수 없다고 판단, 1907년 연해주로 가서 의병 운동에 참가하였다.
1909년 하얼빈역에서 이토 히로부미를 저격 사살, 1910년 여순 감옥 형장에서 순국하였다.

이토 히로부미 ▶ 1841년 10월 16일～1909년 10월 26일

일본의 관료로 처음에는 무사 지위도 얻지 못한 하급 신분이었지만 본인의 역량과 좋은 스승,
주변 사람들과의 만남을 통해 일본의 초대 수상까지 오른 인물이다. 45세에 초대 총리가 되어
천황 아래 최고의 자리를 차지하였지만 독단적인 국정 운영으로 많은 적을 만들었다. 이후엔
조선 통감부 초대 통감으로 부임하여 조선을 수탈하는 데 앞장섰다. 러시아 방문 중
안중근 의사에게 저격당하여 사망하였다.

군대 해산 날 서울 시가전을 본 안중근

안중근도 처음에는 애국 계몽 운동을 통해 국권을 회복해야 한다고 생각한 사람들 가운데 한 사람이었어요. 그래서 을사늑약으로 일제에 주권을 빼앗기자 자기 돈을 털어 삼흥 학교와 돈화 학교를 세워 학생들을 가르쳤지요.

그러던 안중근에게 이 방법으로는 국권을 회복하기 힘들겠다고 생각하게 만드는 계기가 찾아왔어요. 1907년을 기억하나요? 을사늑약의 부당함을 알리고자 고종이 네덜란드 헤이그에 특사를 파견해 일제의 만행을 고발하자 일제가 고종을 강제로 퇴위시키고 우리 군대를 해산한 것 말이에요.

군대 해산에 저항하는 우리 군인들이 남대문 근방에서 일본군과 치열한 시가전을 벌이던 바로 그날, 볼 일이 있어 서울에 와 있던 안중근은 일제의 총탄에 쓰러진 군인들을 보자 그들을 업고 병원으로 뛰었어요. 그러면서 다짐했어요. '의병 전쟁으로 일제를 물리치겠다!'

'의병 전쟁으로 일제를 물리치겠다!'

고향으로 돌아간 안중근은 그길로 러시아 땅 블라디보스토크로 건너갔어요. 연해주라 불리는 그곳은 전부터 우리 민족이 옮겨 가 독립 운동을 벌이고 있던 곳이에요. 안중근은 어려서부터 총으로 사냥하는 걸 좋아했어요. 사냥 실력도 뛰어나 총 잘 쏘기로 소문이 자자했지요. 그런 능력 덕분에 블라디보스토크에서 의병을 조직해 독립 전쟁을 이끄는 데 큰 문제가 없었어요.

하지만 안중근은 뜻밖의 사건을 겪으며 의병 전쟁에 큰 어려움을 겪게 돼요. 서울 진공 작전을 벌이기 위해 두만강을 건넜을 때였어요. 안중근이 이끄는 의병 부대는 일본군과 싸워 일본군과 경찰을 사살했어요. 그러고 나서 일본군 몇 명을 포로로 잡아 돌아갔어요. 그런데 돌아가던 중 안중근은 일본군을 풀어 주었어요. 포로를 풀어 줘야 한다는 만국 공법을 충실히 따른 거예요. 만국 공법은 쉽게 말해 국제법 같은 거예요. 풀려난 일본군은 잽싸게 돌아가 군대를 몰고 안중근 부대를 추격했어요. 그때 우리 의병들이 많이 죽고 안중근도 몇 날을 굶으며 탈출해 겨우겨우 목숨을 건졌어요.

우리 동포들은 그런 안중근의 처사를 거세게 비판했어요. 그동안 안중근을 지지하고 지원해 준 동포들의 시선이 싸늘해졌어요. 그곳에서 안중근은 의병을 조직해 독립 전쟁을 벌이기가 어려워

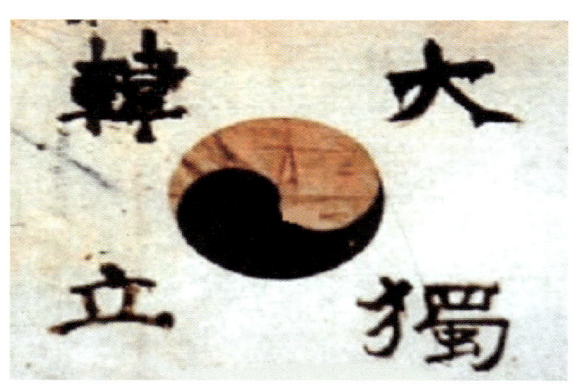

피로 쓴 대한독립 안중근이 감옥에서 조국의 독립을 염원하며 쓴 '대한독립'이다.

서울 진공 작전
1908년 전국의 의병들이 서울로 진격하여 일본군을 몰아내고자 했던 작전으로 일본군의 선제 공격을 받아 실패하고 말았다.

안중근 1879~1910
단지 동맹 이후 안중근 모습이다. 왼손의 네 번째 손가락 마지막 마디가 잘려 있다.

졌지요. 위기였어요. 어떻게 하면 독립 전쟁을 다시 시작할 수 있을까 고민하던 안중근은 큰 결심을 했어요.

안중근은 동지들과 함께 손가락 마디를 잘라 흐르는 피로 혈서를 쓰며 독립을 위해 싸우겠다고 맹세했어요. 손가락 마디를 자른 단지 동맹이에요. 그날 안중근은 혈서를 쓰며 조선 침략의 원흉인 이토 히로부미를 내 손으로 처단하리라 다짐했어요. 이토 히로부미는 고종을 겁박해 을사늑약을 맺고 초대 통감이 되어 조선을 식민지로 만드는 데 가장 큰 역할을 한 일본인이에요.

이토가 하얼빈에 온다는 소식에 심장이 쿵쾅쿵쾅

단지 동맹을 맺고 나서 얼마 뒤 안중근은 연해주에서 발간되는 한 신문에서 이토 히로부미가 1909년 10월에 만주 하얼빈에 온다는 기사를 읽었어요. 이토 히로부미가 러시아 재무 장관과 만나 만주를 서로 갈라 먹고 조선을 식민지로 만드는 일을 협의하러 온다는 내용이었지요. 기사를 본 안중근은 눈이 번쩍 떠지고 심장이 쿵쾅쿵쾅 뛰었어요.

"드디어 내 손으로 이토를 처단할 기회가 왔다!"

안중근은 이토 처단 작전을 짰어요. 작전 계획은 우덕순, 조도선 등 가장 믿을 만한 두 동지에게만 알릴 정도로 철저하게 비밀에 부쳤어요. 이토가 하얼빈에 도착하는

이토 히로부미 1841~1909
1909년 10월 26일 하얼빈역에서 안중근 의사의 총에 맞고 20여 분 만에 사망했다.

날 두 동지는 하얼빈 앞 역에서 기다리게 하고, 안중근은 최종 도착지인 하얼빈역에서 기다리기로 했어요.

1909년 10월 26일 이른 새벽. 하얼빈 앞 역에서 대기하고 있던 두 동지는 이토를 쏘지 못했어요. 낌새를 챈 러시아 경비병들이 두 사람을 역사 안에 꽁꽁 가둬 놨기 때문이지요. 이제 작전의 성패는 오로지 안중근에게 달렸어요. 이른 아침부터 하얼빈역 바깥에서 이토를 기다리던 안중근은 멀리 기적 소리를 내며 들어오는 열차를 보며 하얼빈 역으로 들어갔어요.

마침내 열차가 멈추자 플랫폼에서 이토를 기다리던 러시아 재무 장관이 열차에 올라 이토와 몇십 분 동안 이야기를 나눴어요. 회담을 마친 이토가 환영 나온 일본인들에게 인사를 하기 위해 열차에서 내렸어요. 러시아 경비병 뒤에서 쿵쾅거리는 심장을 억누르며 이토 얼굴에서 눈을 떼지 않고

있던 안중근은 목표물과의 거리가 채 10미터가 되지 않았을 때, 품 안에서 권총을 뽑아 들었어요. 탕탕탕! 이토는 그 자리에서 고꾸라지고, 안중근은 '코레아 우라(대한민국 만세)!'라고 외쳤어요. 1909년 10월 26일 오전 9시 30분이었지요.

이토 사살 후 뤼순 감옥에서 처형당해

만세를 부르던 안중근은 러시아 경비병들에게 체포됐어요. 이후 뤼순 감옥에 수감돼 재판을 받았어요. 재판에서 안중근은 자신이 이토를 쏜 이유를 당당히 밝혔어요. 왕비를 시해하고, 을사늑약을 강제로 맺어 우리의 외교권을 빼앗고, 고종 황제를 강제 퇴위시키고, 우리 군대를 해산한 죄 등 모두 열다섯 가지 이토의 잘못을 열거하며 그 죄를 벌하기 위해 이토를 사살했다고 밝혔지요. 일본 재판부는 안중근에게 사형을 선고했어요. 안중근은 죽는 날까지 만주의 차가운 감옥에서 자신이 살아온 이야기와 한국과 중국과 일본 세 나라가 손잡고 평화롭게 지내야 한다는 동양평화론을 집필했어요.

처형을 앞둔 어느 날 안중근은 면회 온 동생에게 유언을 남겼어요. 내 시신을 하얼빈역 공원에 묻어 두었다가 조국이 국토를 되찾는 날 고국에 묻어 달라고요. 안중근의 바람대로 조국이 독립된 지 70년이 넘었지만 아직도 안중근의 유언을 지켜 주지 못했어요. 일제가 안중근을 어디에 묻었는지 정확히 밝히지 않아서 오늘날까지 안중근의 유해를 찾지 못했기 때문이에요. 지금 안중근의 묘는 서울 용산구 효창 공원에 있는 윤봉길, 이봉창, 백정기 의사의 묘 옆에 있어요. 그 묘는 안중근의 뼈가 없는 빈 묘, 임시로 만들어 놓은 가묘예요.

안중근 한 사람의 힘으로 일제 침략을 막지는 못했어요. 하지만 안중근의 의거는 세계 만방에 조선의 독립 의지를 보여 주었고, 유관순, 이봉창, 윤봉길 그리고 만주와 중국에서 독립을 위해 싸운 수많은 독립운동가들을 이끌어 주는 나침반이 되었어요.

안중근 의사의 가묘 효창 공원에 안치되어 있는 안중근 의사의 가짜 무덤이다. 안중근 의사의 진짜 시신을 찾는 일은 지금도 진행 중이다.

기차 전차 전기 전화, 밀려드는 신문물

문은 안과 밖의 경계예요. 문을 통해 밖으로 나가고 안으로 들어오지요.
강화도 조약으로 조선이 나라의 문을 열었을 때, 조선 사람들은
배를 타고 현해탄 건너 일본으로, 태평양 건너 머나먼 아메리카까지
여행을 했어요. 반대로 수천 년 동안 이 땅에서 들도 보도 못한
파란 눈의 사람들과 전기, 전화, 전차, 기차 등이 열린 문으로
밀려들어 왔지요. 새로운 문물은 조선 사람들의 삶을
어떻게 변화시켰을까요?

연표

1887년 ▶ 전깃불 등장
경복궁에 우리나라 최초로 전깃불을 밝히다

1896년 ▶ 전화 개통
최초의 전화국인 한성 전보 총국이 설립되고 전화가 개통되다

1899년 ▶ 전차 개통
서대문에서 청량리까지 운행하는 전차가 개통되다

1899년 ▶ 경인선 개통
노량진에서 제물포까지 달리는 기차가 개통되다

경복궁을 밤새 밝힌 도깨비불

1887년 경복궁에 전깃불이 처음 밝혀지던 날을 한번 상상해 보세요. 동백기름으로 호롱불을 밝히던 조선 사람들이 얼마나 놀랐을지를요. 전깃불을 처음 본 사람들은 대낮처럼 환하게 밝힌 불을 보고 도깨비불이라 불렀대요. 또 자주 꺼졌다 켜졌다 하는 바람에 건달불로도 불렀다고도 해요.

고종은 에디슨이 전구를 발명한 지 8년 만에 지구 반대편 궁궐에 전구를 밝혔어요. 고종은 아마 신제품을 먼저 체험해 보는 얼리어답터였나 봐요. 고종과 왕비는 자주 궁궐에 전깃불을 환하게 밝히고 밤새 파티를 열었다고 해요. 그렇게 한 데는 다 이유가 있어요.

임오군란과 갑신정변을 기억하나요? 신식 군대와의 차별에 분노한 구식 군인들이 봉기해 궁궐로 쳐들어가 왕비를 내놓으라고 했던 사건 말이에요. 그때 왕비는 궁녀로 변장해 가까스로 궁을 빠져나가 살아남았지요. 갑신정변 때는 개화파에 의해 궁을 점령당하고 수구파가 칼에 맞아 죽는 참극이 벌어졌고요. 고종과 왕비는 궁궐을 침입 당한 두려움 때문에 밤새 전깃불을 밝혔다고 해요. 하지만 그 환한 전구도 을미사변 때 왕비가 시해되는 걸 막지는 못했지요.

사형수 김구를 살린 전화

전화는 1896년 궁궐과 인천 사이에 처음 놓였어요. 어쩌면 전화는 전깃불보다 더 신기한 물건이었을지 몰라요. 전깃불은 그래도 호롱불이나 등잔처럼 비슷한 거라도 있었잖아요. 그런데 전화는 본 적도 없고 상상하지도 못했던 것이니까요. 사람 편에 편지를 보내 서로의 안부를 묻곤 하던 사람들이 백 리 밖에 떨어진 사람과 이야기를 나눌 수 있다니! 이 얼마나 신통방통했겠어요.

전화에 관한 유명한 일화가 있어요. 김구는 황해도의 어느 나루터에서 한 일본인을 보고, 왕비를 죽인 사람일 것이라 생각해 그 자를 죽였어요. 그 자가 진짜 왕비를 죽인 범인은 아니었지만 어쨌거나 사람을 죽인 김

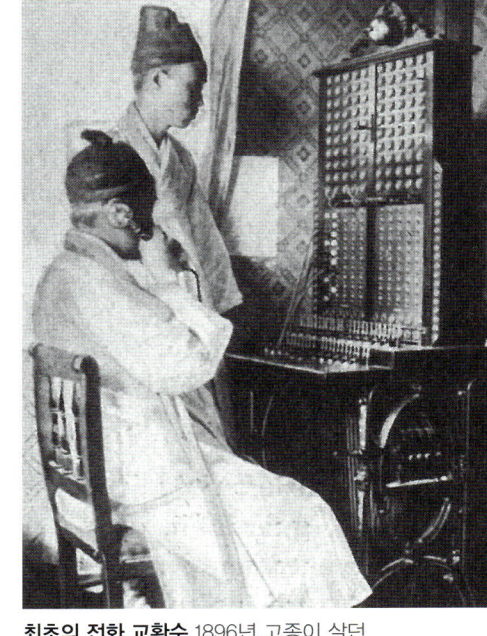

최초의 전화 교환수 1896년 고종이 살던 경운궁과 인천 사이에 전화가 최초로 개통되었다. 당시에는 지금처럼 상대방과 직접 통화할 수 없었고, 전화 교환수가 통화를 연결해 주었다.

1장 근대의 시작과 조선의 종말

구는 자수를 했고, 그 죄로 인천 감옥에서 사형 날만 기다리고 있었지요.

낼모레면 죽을 목숨. 그때 고종은 김구의 사연을 전해 듣고 인천에 전화를 걸어 김구에 대한 사형 집행을 멈추라고 명했어요. 그날이 전화가 개통된 지 얼마 안 된 뒤라니, 김구는 전화 덕에 목숨을 건진 셈이지요. 전화 덕에 살아난 김구. 전화가 없었다면 우리 역사가 조금 달라졌을지도 모르겠네요.

설마설마 했는데 철마가 사람을 치었어

사람과 사람 사이의 거리를 좁힌 건 전화만이 아니에요. 시커멓고 육중한 몸을 전기의 힘으로 달리는 전차, 그 전차야말로 축지법을 쓰듯 사람과 사람 사이의 거리를 좁혀 준 신문물이에요. 1899년 서대문에서 청량리까지 운행하는 최초의 전차가 한성에 나타났을 때, 사람들은 철로 된 말이라 하여 철마라고도 불렀대요. 사람들은 이 신기한 전차를 타기 위해 시골에서 일부러 한성으로 올라왔어요. 어떤 사람은 전차를 하도 많이 타 집이 망했다는 이야기도 전해 와요.

전차가 처음에 서대문에서 청량리까지 놓인 이유가 있어요. 일본인에게 목숨을 잃은 왕비의 능이 청량리 밖 홍릉에 있었는데, 죽은 왕비를 너무나 그리워 한 고종은 자주 홍릉을 찾았대요. 그런데 능행차 때마다 따르는 사람들이 고생을 많이 하자 고종은 그곳 가까이

전차 청량리와 서대문 사이를 오가던 전차다. 전기로 운행되었고, 지금의 지하철과 달리 땅 위를 달렸다.

까지 전차를 설치해 왕비의 능을 찾았다고 해요. 참 아름다운 이야기지요? 하지만 전차에 관한 슬픈 이야기도 있어요.

어느 날 다섯 살 난 아이가 전차에 치어 죽었어요. 분노한 아이의 아버지는 도끼를 들고 전차로 달려들었어요. 운전사는 도망가고, 성난 군중들이 전차에 기름을 붓고 태워 버렸대요. 왜 그랬을까요? 신문물의 상징인 전차에서 개화를 불러온 일본을 떠올리며 그에 대한 반감으로 전차를 불태운 건 아닐까요?

인천을 반나절 생활권으로 만들어 준 기차

전차보다 더 멀리, 더 빠르게 시간과 공간을 좁혀 준 물건은 기차예요. 기차는 전차가 지금의 서울인 한성에 선 보인지 몇 달 뒤 노량진에서 인천 사이를 달리기 시작했어요. 전화도 그렇고 인천이 개화기의 한 장면에 자주 등장하는 데는 다 이유가 있어요. 인천 제물포가 강화도 조약으로 문을 연 항구이기 때문이에요. 노량진에서 인천 제물포까지 30여 킬로미터를 달리는 기차는 걸어서 하루가 걸리던 거리를 한 시간 반으로 줄여 주었어요.

지난 1970년 경부 고속 도로를 개통하면서 서울과 부산이 1일 생

경인선 기차 1899년 노량진과 제물포를 연결하는 경인선의 개통식이다.

활권이 되었다고 대대적으로 광고를 했는데, 1899년 경인선은 서울과 인천을 반나절 생활권으로 만들어 준 거예요. 이듬해 한강 철교가 완공되자 경인선 기차는 노량진에서 서대문으로 확장됐어요.

기차는 단순히 사람들의 생활의 변화만 가져온 게 아니에요. 러일 전쟁 중이던 1905년, 부산과 서울을 연결하던 경부선이 완공돼 일본 군인들이 그 기차를 타고 한반도를 거쳐 전쟁터로 갔어요. 이듬해 서울에서 의주까지 연결된 경의선이 완공된 뒤에는 일본 상인들이 한반도로 더 편리하게 들어오고, 곡물과 자원은 더 쉽게 일본으로 빠져나갔어요. 일제 강점기 때는 젊은이들이 경부선과 경의선에 실려 학도병으로 끌려갔고요. 시간과 거리를 좁혀 주고 근대 문물의 상징으로 추앙받는 철도는 이처럼 일제 침략의 수단이자 상징이기도 했어요.

조선이 열어 놓은 문으로 밤을 밝히는 전기가, 편지를 대신한 전화가 그리고 말과 수레를 밀어낸 전차와 기차가 들어왔어요. 그로 인해 사람들의 생활은 편리해지고, 대한 제국의 수도 한성은 나날이 발전해 갔지요. 하지만 그때 우리는 조선을 식민지로 삼으려는 일본 제국주의의 발톱은 미처 알아채지 못했어요.

2

일제 강점과 독립운동

1875년 9월 운요호 사건 1876년 2월 강화도조약
1884년 10월 갑신정변
동학농민
1909
을사조약
헤이그 밀사
이토 히로부미 저격 1910년 3월

경복궁에 일장기가 걸리던 날

참으로 심란하네요. 500년을 이어 온 조선의 심장 경복궁에 일장기가 나부끼다니. 그 깃발이 펄럭이던 날은 아마 지금으로부터 100여 년 전 어느 여름날이었을 거예요. 일제는 조선의 국권을 강제로 빼앗은 날 보란 듯이 조선의 심장에 자기네 국기를 휘날렸어요. 단군 이래 이런 치욕이 또 없었지요. 그래서 그해의 치욕을 경술국치라고 불러요. 경술년에 당한 국가의 치욕이라는 뜻으로요. 휴, 걱정이에요. 일제 식민지에서 어떻게 살아남을지.

연표

1910년 ▶ 국권 피탈
대한 제국이 일제의 침략으로 국권을 잃다

1910년 ▶ 토지 조사 사업
총독부가 조선인의 토지를 빼앗기 위해 토지 조사 사업을 시작하다

1912년 ▶ 무단 통치
총독부가 조선인의 일상을 무력으로 통치하기 시작하다

1919년 ▶ 문화 통치
3.1 운동 이후 총독부의 통치 방식이 문화 통치로 달라지다

1920년 ▶ 조선일보와 동아일보 창간
조선일보와 동아일보의 첫 번째 호가 발행되다

1930년 ▶ 민족 말살 정책
일제가 한민족의 전통과 문화를 말살하는 정책을 펼치기 시작하다

우리는 어쩌다 나라를 빼앗겼을까?

이런 치욕이 수천 년 우리 역사에 또 있었을까요? 글쎄요, 고려 왕조 500년 동안 거란족 침입을 세 차례나 당하고, 몽골 침입 땐 100년 가까이 그들의 지배와 간섭을 받았지만 나라는 유지했어요. 일본이 쳐들어 온 임진왜란 때는 온 백성이 힘을 합쳐 왜군을 물리쳤고, 청나라 침입을 받은 병자호란 때는 비록 조선 임금이 청 황제에게 머리 숙여 항복하는 수모를 겪었어도 나라는 유지했고요. 이렇듯 수천 년 동안 수없이 많은 외적의 침입을 당하고도 그때마다 물리쳐 온 우리 민족이 어쩌다 나라를 통째로 넘겨주게 된 걸까요?

그렇게 된 데는 다 이유가 있어요. 군사적으로 우세한 일제가 무력으로 조선을 침략을 했기 때문이에요. 하지만 우리가 힘이 있었다면 일제 침략을 물리쳤을 거 아니냐며, 우리가 힘이 약한 탓이라고 말하는 이들도 있어요. 아주 틀린 말은 아니지만 맞는 말도 아니에요. 길을 가다 강도를 당한 사람에게 강도를 물리칠 힘이 없어 당한 거라며 당한 사람을 탓하면 그게 말이 되나요?

어쨌거나 우리는 1910년 일제 식민지가 됐어요. 식민지가 뭔지 잘 모르겠다면 이런 걸 상상해 보세요. 어느 날 성질 나쁜 이웃이 우리 집 안방을 차지하고는 "오늘부터 너희 집은 내가 지켜 줄게. 대신 내 명령에 복종해야 돼. 내 허락 없이는 아무 데도 가선 안 되고. 알았지?" 이렇게 말한다면, 여러분은 아마 너무 기가 막히고 분해서 뒤로 자빠지고 싶은 심정일 거예요. 식민지는 바로 그런 거예요. 자유를 빼앗기고 노예로 사는 것!

식민 통치가 뭘까?

우리 민족을 식민지로 삼은 일제는 처음부터 총칼을 앞세워 강압적으로 조선을 통치했어요. 이런 통치 방식을 무단 통치라 불러요. 무력을 동원해 막무가내로 통치하는 것이지요. 무단 통치의 상징은 헌병이에요. 헌병은 원래 군인을 감시하고 처벌하는 군대의 경찰이에요. 그런 헌병을 동원해 우리 민족을 통치한 거예요. 무단 통치 때 서울 거리의 풍경을 한번 상상해 봐요.

조선 사람들끼리 모여서 독립을 이야기해서도 안 되고, 신문을 발행할 수도 없어요. 거리에는 긴 칼을 찬 헌병이 날카로운 눈초리로 조선인을 감시하고, 학교에서 학생들을 가르치는 선생님도 칼을 차고 교단 위에서 수업을 해요.

섬뜩하고 숨이 막히지 않나요? 게다가 헌병은 조선인이 사소한 잘못을 하면 태형을 가했어요. 태형은 엎어 놓고 볼기를 치는 벌이에요. 조선 시대 때 있다가 비인간적인 벌이라 하여 폐지한 벌인데, 일

태형 일제가 조선 시대 태형을 재연하여 만든 엽서다. 이 엽서는 태형이 조선 시대부터 있었던 형벌이므로 일제가 시행하는 태형도 문제가 없다는 의도를 담고 있다.

제가 부활시켰지요.

 일제는 경제적으로도 우리 민족을 억압하고 수탈했어요. 토지 조사 사업을 벌여 조선 사람의 토지를 빼앗아 조선에 들어온 일본 사람들에게 싼값에 팔았어요. 이러한 무단 통치와 경제 수탈이 10년 동안 이어지자 우리 민족은 벌 떼처럼 일어나 일제에 저항하기 시작했지요.

동양 척식 주식회사 1908년에 일본이 조선을 착취하기 위하여 설립한 회사다. 주로 토지를 빼앗아 높은 소작료를 징수하고 많은 곡식을 일본으로 반출했다. 일본이 제2차 세계 대전에서 패한 뒤 문을 닫았다.

3.1 운동이 끝나고 난 뒤

1919년 3월 1일. 삼천리 방방곡곡에서 3.1 운동이 일어났어요. 깜짝 놀란 일제는 소위 '문화 정치'라는 꼼수로 우리를 통치하기 시작했어요. 문화 정치란 일제가 조선 사람들에게 신문도 창간할 수 있게 해 주고, 대중 강연도 허락하며 어느 정도 자유를 주는 통치 방식이에요. 일제가 우리를 꽤나 생각해 주는 것 같지요?

하지만 일제가 그렇게 나온 건 더 이상 무단 통치로는 우리 민족을 통치할 수 없다는 생각에서 그리한 것이고요, 또 어느 정도 자유를 주는 척하며 뒤로는 자기들에게 협조하는 친일파를 키워 우리 민족을 분열시키려는 생각이었어요. 이때 〈조선일보〉와 〈동아일보〉가 창간돼 일제 강점기 내내 발행이 되다가 해방 전 발행이 중지됐어요.

1930년대 후반이 되자 일제는 우리 민족을 말살하는 정책을 펼쳤어요. 조선어 사용을 금지시키고, 조선어 과목을 폐지했어요. 일본 천황에 맹세하는 황국 신민 서사를 외우라고 강요하고, 성과 이름을 일본식으로 바꾸게 했고요. 그러면서 일본과 조선은 원래 한 몸이라는 '내선일체론'을 내세우며 일본과 조선이 온전히 하나가 돼야

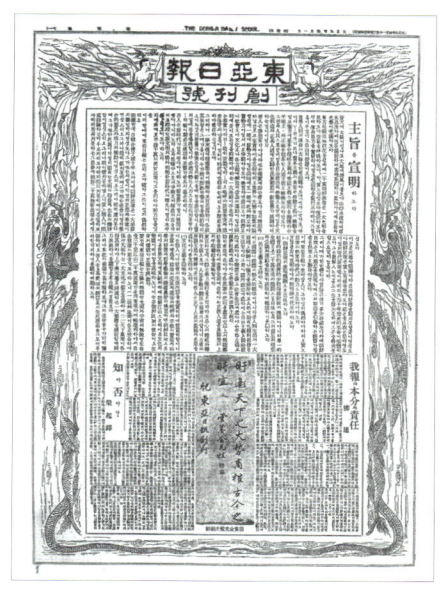

동아일보 창간호 1920년 4월 1일 창간된 동아일보 1면이다. 당시 발행부수는 1만 부 정도였고 구독료는 한 부에 3전, 지금의 900원 정도였다.

한다고 강조했어요. 조선과 일본이 원래 한 몸이었다니, 대체 일본은 왜 그런 뚱딴지 같은 소리를 한 걸까요?

일본과 조선은 하나라며 전쟁터에 내보내

1931년 들어 일제는 만주를 침략했어요. 1937년에는 중국을 침략해 중일 전쟁에 들어갔고요. 1941년에는 하와이를 기습해 태평양 전쟁을 일으켰지요. 이렇듯 중국, 미국으로 전쟁을 확대하자 전장에서 싸울 군인이 모자랐고, 무기와 전쟁 물자를 만드는 군수 공장에 노동

강제 징용된 한인 청년들 태평양 전쟁에 끌려간 청년들이다. 일제는 곡물과 물자를 비롯해 인력까지 온갖 수단을 동원해서 조선을 약탈해 갔다.

자가 부족했어요.

  일제는 조선 사람들을 자기들의 전쟁터로, 군수품 공장으로 강제로 끌고 갔어요. 그러면서 원래 일본과 조선은 한 민족이니 조선인도 같은 일본 천황의 백성으로 생각하고 나가서 싸워라, 이런 거예요. 여기에 동조한 친일파들은 신문, 잡지, 강연장에서 청년들에게 "조선 청년들이여, 일본 황국 신민으로서 자랑스럽게 전장에 나가 싸우라!"라고 외쳤어요.

  일제 강점기 35년. 그 기간 동안 일제는 식민지를 거느린 다른 나라들보다 강압적으로 조선을 통치했어요. 왜 그랬을까요? 그건 우리 민족이 식민지가 되기 전부터 그리고 되고 나서도 강력하고 지속적으로 식민 통치에 저항했기 때문이에요. 지금부터 식민지가 된 날부터 해방까지 단 하루도 멈추지 않고 일제와 싸웠던 항일 독립운동 이야기를 해 보려고 해요.

3.1 운동과 대한민국 임시 정부

나라를 빼앗긴 날부터 우리 민족은 일제로부터 온갖 억압과 착취를 당했어요. 토지 조사 한답시고 땅을 빼앗고, 조선 사람이 모여서 무슨 얘기라도 할라치면 잡아가고, 살벌한 분위기였지요. 참다못한 우리 민족은 1919년 3월 1일 대대적인 만세 운동을 벌였어요. 3.1 운동 이후 사람들은 독립운동을 이끌어 갈 구심체가 필요하다고 느꼈어요. 그래서 상하이에 대한민국 임시 정부를 세웠어요. 지금의 대한민국은 100년 전 그렇게 탄생했어요.

연표

1919년 ▶ 신한청년당 파리 강화 회의에 참석
신한청년당의 김규식이 파리 강화 회의에 참석하여 조선의 독립 열망을 세계에 알리다

1919년 2월 8일 ▶ 2.8 독립 선언
일본 도쿄에서 유학생들이 조선의 독립을 요구하는 선언을 하다

1919년 3월 1일 ▶ 3.1 운동
조선의 독립을 요구하는 만세 운동이 조선 전역에서 일어나다

1919년 4월 11일 ▶ 대한민국 임시 정부 수립
상하이에 대한민국 임시 정부가 세워지다

1919년 3월 1일 탑골 공원

　일제의 강압 통치 아래서 10년 동안 숨죽여 살고 있던 1919년 어느 봄날이었어요. 서울 종로에 있는 탑골 공원 안에 수많은 사람들이 모여 초조한 눈빛을 감춘 채 무언가를 기다리고 있었어요.
　오후 2시 무렵, 한 신사가 팔각정 위에 올라섰어요. 그는 품 안에서 종이 한 장을 꺼내 들고 군중들을 향해 힘차게 읽어 내려갔어요.
　"조선은 독립국임과 조선인은 자주민임을 선언하노라!"
　선언문 낭독을 신호로 공원에 모여 있던 수천 명의 학생과 민중들이 한꺼번에 두 손을 번쩍 올리며 대한 독립 만세를 외쳤어요. 그러고는 만세를 부르며 종로로, 을지로로, 남대문으로 흘러갔어요. 길가에 있던 사람들이 만세 대열에 합류해 서울 시내는 어느새 만세 함성으로 뒤덮였어요. 일제의 군인과 경찰들은 맨손으로 평화롭게 독립 만세를 부르는 군중들을 총칼로 막아섰지요. 그들의 칼날이 만세를 부르는 조선인을 쓰러뜨릴 때마다 시위 군중은 늘어만 갔어요.

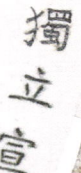

3.1 운동에 불을 붙인 여운형과 신한청년당

독립운동의 대폭발을 일으킨 3.1 운동. 그 거대한 폭발에 불을 붙인 건 상하이에서 독립운동을 하던 여운형과 신한청년당이었어요. 3.1 운동이 일어나기 몇 달 전, 여운형은 "이제 각 민족의 운명은 각자가 결정하게 한다."라는 소위 미국 대통령 윌슨의 민족 자결 선언을 접하고 우리도 독립을 이룰 수 있다는 희망을 품게 되었어요. 여운형은 신한청년당 동지들과 논의 끝에 파리에서 열리는 강화 회의에 김규식을 파견해 조선의 독립 의지를 전 세계에 알리기로 했어요.

김규식은 파리로 떠나기 전 여운형에게 말했어요.

"우리 민족이 얼마나 독립을 열망하고 있는지를 전 세계 사람이 알도록 조선에서 거대한 독립 시위를 벌이게 해 주십시오."

여운형 1886~1947
독립운동가이자 정치가, 언론인이다. 대한민국 임시 정부 조직에 참여하였고, 해방 후에는 좌우 합작을 추진하다가 1947년에 암살당했다.

신한청년당이 파리 강화 회의에 제출한 13개 조

파리 강화 회의에 참석한 김규식 1919년 김규식(앞줄 맨 오른쪽)이 파리에서 열린 강화 회의에 참석한 모습이다. 어렵게 참석하였으나 일제의 방해로 소득 없이 돌아오고 말았다.

김규식을 파리에 파견한 뒤 여운형은 동지들을 일본과 국내로 보내 파리 강화 회의에 조선 대표를 보낸 사실을 알리고, 대대적인 시위를 일으켜 달라고 호소했어요. 그 결과 2월 8일 일본 제국주의 심장 도쿄에서 한국 유학생들이 2.8 독립 선언을 강행했어요. 그 사실이 국내로 알려지자 마침 시위를 계획하고 있던 천도교와 불교, 기독교 대표들이 거사 일자를 잡고 대대적인 만세 시위를 벌이기로 뜻을 모았어요.

총칼에 굴하지 않고 대한 독립 만세!

거사일은 3월 1일. 그때 서울은 얼마 전 세상을 떠난 고종 황제의 장례일에 맞춰 지방에서 올라온 사람들로 북적였어요. 사람들은 고

서울에서 열린 3.1 운동 만세 행렬 3.1 운동은 식민지 조선에 큰 변화를 불러일으켰다. 3.1 운동 이후로 1919년 4월 11일 중국 상하이에 대한민국 임시 정부가 수립되었고, 일제의 무단 통치는 문화 통치로 바뀌었다.

종이 일제에 의해 독살됐다는 소문을 듣고 분개하던 참이었어요. 마침 탑골 공원에서 만세 함성이 울려 퍼지자 억눌렸던 민족의 울분을 동시에 터뜨렸지요.

서울에서 시작된 만세 시위는 전국으로 번져 갔어요. 한 달 뒤 천안 아우내 장터에서 어린 유관순이 만세 시위를 벌이다 체포돼 서대문 형무소에 갇히고, 수원과 통영에서는 기생들이 앞장서서 만세를 불렀어요. 남녀노소, 가난한 자 부유한 자, 배운 자 못 배운 자, 모두 나서서 독립 만세를 불렀어요.

만세의 불길이 걷잡을 수 없이 번지자 일제의 탄압도 점점 더 잔혹해졌어요. 수원 제암리에서는 만세를 부른 마을 사람들 중 남자들을 교회에 모아 놓고 문을 못으로 꽝꽝 막아 버린 뒤 불을 질러 모두 태워 죽였어요. 일제의 탄압은 잔인하고 끔찍했지요. 만세 운동이 시작된 지 두세 달이 지나는 동안 전국에서 200여만 명이 만세를 불렀고, 그

폐허가 된 제암리 수원 제암리(지금의 화성시 향남읍 제암리)에서는 장날을 틈타 만세 운동이 일어났다. 이를 무력으로 진압하던 일본군이 4월 15일 제암리교회에 성인 남자들을 모아 놓고 불을 질러 수십 명의 사상자가 발생했다.

가운데 7천500여 명이 일제 군인과 경찰의 총칼에 목숨을 잃었어요.

한반도에서 시작된 독립 만세 운동의 물줄기는 두만강 건너 간도 땅으로, 연해주 블라디보스토크로, 태평양 건너 미국 하와이와 필라델피아까지 흘러갔어요. 그 결과 전 세계가 조선 사람들이 얼마나 독립을 열망하는지 알게 되었어요.

3.1 운동은 일제 강점기 때 일어났던 독립운동 가운데 가장 규모가 크고, 가장 오랫동안 이어졌으며, 가장 강하게 일제에 항거한 운동이에요. 3.1 운동 이후 우리 민족은 독립을 할 수 있다는 희망을 품게 되었고, 수많은 이들이 독립운동에 나서는 계기가 되었지요.

1919년 상하이에서 탄생한 대한민국 임시 정부

3.1 운동의 무엇보다 큰 의의는 대한민국이 탄생하는 계기가 되었다는 점이에요. 대한민국 헌법을 보면 3.1 운동이 우리 역사에서 얼마나 큰 의미가 있는지 알 수 있어요. 헌법의 맨 앞 문장은 이렇게 시작해요.

"유구한 역사와 전통에 빛나는 우리 대한민국은 3.1 운동으로 건립된 대한민국 임시 정부의 법통과 불의에 항거한 4.19 민주 이념을 계승하고……."

지금의 대한민국은 대한민국 임시 정부를 계승했고, 그 대한민국 임시 정부는 3.1 운동으로 건립되었다는 말이에요.

대한민국 임시 정부 주요 인물들 1919년 10월 11일에 촬영한 사진으로 앞줄 왼쪽부터 신익희, 안창호, 현순, 뒷줄 왼쪽부터 김철, 윤현진, 최창식, 이춘숙이다.

대한민국 임시 정부 탄생에 숨겨진 이야기가 있어요. 3.1 운동의 불길이 걷잡을 수 없이 번져 가던 1919년 4월 10일 늦은 밤. 중국 상하이에 있는 프랑스 조계로 한국인 스물아홉 명이 모여들었어요. 조계는 중국에 있던 외국인 거주 지역을 말해요.

그날 밤 그곳에 모인 사람들은 오늘날 국회에 해당하는 임시 의정원을 구성하고, 다음 날인 4월 11일 나라 이름을 대한민국, 이승만을 국무총리로 하는 나라를 세우고, 헌법에 해당하는 임시 헌장을 발표했어요. 대한민국 임시 정부가 탄생하는 역사적인 순간이었지요.

상하이의 대한민국 임시 정부 외에 3.1 운동을 전후해 서울의 한성

노령 정부
노령(露領)은 러시아의 영토라는 뜻으로 러시아에 세워진 임시 정부를 의미한다.

연통제
대한민국 임시 정부가 국내외 업무 연락을 위해 설치한 지하 비밀 행정 조직이다. 국내 각 도에 총판, 각 군에 군감, 각 면에 면감을 두고, 국외에는 민간 단체를 통하여, 정부의 명령 전달과 연락 사무를 처리하게 했다.

정부, 블라디보스토크의 노령 정부 등 국내와 국외 여러 곳에 임시 정부가 세워졌어요. 이런 임시 정부들을 통합해 독립운동을 지속적이고 체계적으로 이끌어야 한다는 목소리가 높아졌고, 그 결과 1919년 9월 상하이에 통합 대한민국 임시 정부를 세웠어요.

대한민국 임시 정부는 1945년 나라를 되찾을 때까지 우리나라 정부 역할을 했어요. 비록 임시라는 꼬리표를 달긴 했지만 중국, 미국, 영국 등 다른 나라를 상대로 외교 활동을 펼쳤지요. 연통제라는 비밀 행정 조직을 두어 국내로부터 독립 자금을 모으고, 교통국이라는 기관을 두어 독립운동 정보를 수집하고, 국내로부터 임시 정부로 건너오는 독립운동가들을 맞아들였고요. 또한 〈독립신문〉을 발행해 국내와 국외에서 펼치는 항일 투쟁을 널리 알렸어요.

하지만 임시 정부 안에 있는 다양한 사람들이 서로 자기의 독립운동 방식이 옳다고 주장하는 바람에 활발히 독립운동을 펼치지 못한 때도 많았어요. 게다가 일제가 눈에 불을 켜고 임시 정부를 감시하는 통에 늘 불안에 떨었고, 임시 정부의 건물이 없어 월세를 내며 생활하느라 정부 체면이 말이 아니었지요.

독립신문 창간호 대한민국 임시 정부가 발행한 1919년 8월 21일자 독립신문 창간호다.

윤봉길 이봉창 의거로 임시 정부 존재감 급상승

그러던 1932년 이봉창과 윤봉길이 도쿄와 상하이에서 폭탄을 던진 의거* 이후 임시 정부는 활력을 되찾기 시작했어요. 중국 정부는 중국의 100만 대군이 못 한 일을 조선인 한 사람이 해냈다며 대한민국 임시 정부를 적극 도와주기 시작했어요. 하지만 시련도 있었어요. 윤봉길 의거 이후 독이 잔뜩 오른 일제가 임시 정부 요인들을 체포하고, 높은 현상금을 내걸고 김구를 추적하자 임시 정부는 일제의 감시를 피해 상하이에서 항저우로, 난징으로, 중국 이곳저곳을 떠돌아 다녀야만 했어요.

> **의거**
> 정의를 위하여 개인이나 집단이 의로운 일을 도모함.

비록 대한민국 임시 정부가 직접 일제를 물리치진 못했지만 30년 가까이 국내와 국외를 연결하며 독립운동의 구심점 역할을 한 건 사실이에요.

대한민국 임시 정부에는 이러한 사실 못지않게 중요한 의의가 있어요.

일제 식민지가 되기 전까지 우리나라의 이름은 대한 제국이었어요. 그런데 대한민국 임시 정부는 나라를 세우면서 이름을 대한민국이라고 정했어요. 제국과 민국은 어떤 차이가 있을까요? 제국은 황제가 주인인 나라이고, 민국은 국민이 주인인 나라예요. 그런 의미에서 오늘날 대한민국처럼 국민이 주인이고, 모든 권력이 국민으로부터 나오는 민주 공화국은 바로 대한민국 임시 정부로부터 시작된 것이에요.

총, 폭탄, 주먹으로 일제를 쓰러뜨리자!

어떤 사람들은 맨손으로 만세를 부르는 것으론 일제를 물리치기 어렵다고 생각했어요. 그래서 조선 총독부와 경찰서에 폭탄을 던졌고, 만주에서 독립군이 되어 일본군과 전쟁을 벌였어요. 농민들은 논밭에서, 노동자들은 공장에서, 학생들은 학교에서 항일 운동을 벌였고요. 우리 민족은 그렇게 35년 동안 단 하루도 빠짐없이 일제와 싸웠어요.

연표

1919년 ▶ 의열단 결성
김원봉과 열두 친구들이 일제에 무력으로 맞서기 위해 의열단을 만들다

1920년 ▶ 봉오동, 청산리 전투
일제에 맞선 독립군이 봉오동과 청산리에서 큰 승리를 거두다

1926년 6월 10일 ▶ 6.10 만세 운동
청년 학생들이 6.10 만세 운동을 일으키다

1929년 1월~4월 ▶ 원산 총파업
원산에서 노동자들이 노동 조건 개선을 요구하며 파업하다

1929년 11월 ▶ 광주 학생 운동
광주에서 일본인의 악행에 분개한 학생들이 항일 시위를 하다

1931년 ▶ 한인애국단 결성
김구가 일본의 주요 인물들을 암살하기 위해 한인애국단을 만들다

1932년 1월 ▶ 이봉창 의거
이봉창이 일본 도쿄에서 천황에게 수류탄을 던졌으나 실패하다

1932년 4월 ▶ 윤봉길 의거
윤봉길이 상하이 홍커우 공원에서 일본 장교들에게 폭탄을 던지다

1940년 ▶ 한국광복군 창설
대한민국 임시 정부가 한국광복군을 조직하다

'정의를 맹렬히 실행하자!'

3.1 운동을 본 전 세계 사람들은 총칼 앞에서 맨손으로 만세를 부르는 우리 민족을 보며 감탄했어요. 하지만 어떤 사람들은 그 모습을 보고 이런 생각을 했어요.

'우리는 왜 일제 총칼에 맨손으로 저항해야 하지? 너무 순진한 방식 아닐까?'

이런 생각을 한 젊은이 10여 명이 만세를 부르던 빈손에 총을 들었어요. 3.1 운동의 불길이 수그러든 1919년 11월 만주. 모임을 주도한 청년은 밀양 출신의 독립운동가 김원봉이었어요.

그날 밤 김원봉과 열두 친구들은 정의를 맹렬히 실행하자는 뜻의 의열단을 결성했어요. 의열단이 하려는 일은 무시무시했어요.

김원봉 1898~1958
조선의용대 선전에 등장한 김원봉이다. 김원봉은 의열단과 독립군 부대인 조선의용대라는 군대를 조직하였고, 대한민국 임시 정부에서도 일했다.

'조선 총독, 일본 대장, 일제의 앞잡이 노릇을 하는 밀정과 친일파를 처단하고, 조선을 식민 통치하는 조선 총독부와 경찰서를 파괴하여 일제를 쓰러뜨리자, 일제 타도!'

의열단은 왜 이런 투쟁 방식을 택했을까요?

만세 부르던 손에 폭탄을 든 이유

일제 군인과 경찰이 물 샐 틈 없이 감시하고 있는 한반도에서 군대를 만들어 일제와 싸우는 건 불가능했어요. 때문에 소수 정예 요원들로 하여금 일제 요인을 암살하고 폭탄을 던지는 투쟁 방식을 펼칠 수밖에 없었어요. 또한 이 방법이 일제를 물리치는 데 가장 효과적이라고 생각했기 때문이에요.

일제는 정말 의열단 때문에 죽을 맛이었어요. 만세 운동이야 진압하면 되고, 독립군이 싸움을 걸면 더 많은 군대로 싸우면 되는데, 의열단 투쟁은 언제 어디서 폭탄을 던지고 총을 쏠지 모르니 불안에 떨 수밖에요.

의열단은 거침이 없었어요. 부산 경찰서에, 조선 총독부에, 종로 경찰서에, 일제의 경제 수탈 기관인 동양척식주식회사에 폭탄을 던지고, 일제 헌병, 경찰과 시가전을 벌였어요. 그들은 생존 확률 1퍼센트의 미션을 수행하고 현장에서 사살되거나 체포된 뒤 처형당했어요. 그럼에도 의열 투쟁은 멈추지 않았어요. 다음 임무에 투입할 단

원을 선발하는데 자원자가 너무 많아 제비뽑기를 할 정도였다니, 독립을 향한 의열단원들의 열망이 얼마나 강했을지 상상이 되나요?

김원봉의 의열단, 김구의 한인애국단

1920년대 독립운동사의 한 페이지를 굵직하게 써 내려갔던 의열 투쟁의 맥은 한인애국단이 이어 갔어요. 한인애국단은 임시 정부 주석 김구가 의열 투쟁을 벌이기 위해 만든 비밀 조직이에요. 한인애국단의 활약은 1930년대 초에 빛을 발했어요.

1932년 1월 한인애국단원 이봉창은 도쿄로 가서 일본 천황이 탄 마차에 수류탄을 던졌어요. 하지만 불발되는 바람에 그 자리에서 체포되고 말았지요. 4월에는 윤봉길이 승전 축하식을 여는 상하이 훙커우 공원에 폭탄을 던졌어요. 윤봉길 의거는 이제까지 있었던 의열

윤봉길 의거 직후 훙커우 공원의 기념식장 윤봉길은 1932년 4월 29일 천황의 생일과 승전을 기념하는 행사에서 일본군 장교를 향해 물통으로 위장한 폭탄을 던졌다.

투쟁 가운데 가장 큰 성공을 거둔 쾌거였어요. 이에 감동한 중국 정부는 경제적으로 어려움을 겪는 우리 임시 정부에 도움을 주기 시작했고, 한국인 독립운동가들을 군사 학교에 받아들여 군사 훈련을 받도록 해 주었어요.

의거 직후 체포된 이봉창 1932년 1월 8일 천황이 탄 마차에 폭탄을 던진 후 체포된 이봉창 모습이다. 안타깝게도 폭탄의 위력이 약해 천황은 아무 해를 입지 않았다.

윤봉길 1908~1932
윤봉길이 한인 애국단에 입단하며 찍은 사진이다. 상하이에서 공장 직공으로 일하던 그는 독립운동에 투신할 결심을 하고, 1931년 김구를 찾아가 한인애국단에 입단했다.

총에는 총, 군대에는 군대!

김좌진 1889~1930
3.1 운동 때 만주에 들어가 북로군정서를 조직하고 총사령이 되어 사관 양성소를 설립했다.

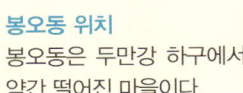

봉오동 위치
봉오동은 두만강 하구에서 약간 떨어진 마을이다.

일제가 장악하고 있는 한반도에서 군대를 훈련시켜 일본군과 싸운다는 건 불가능하다고 했던 말 기억하나요? 그래서 의열 투쟁이 나오고 독립군의 무장 독립 투쟁이 생겨났다고 했지요. 당시 만주에는 신흥 무관 학교 출신이 주축이 된 서로군정서와 김좌진이 이끄는 북로군정서, 의병장 출신의 홍범도가 이끄는 대한독립군 부대가 일제와 싸울 준비를 하고 있었어요. 독립군 부대는 압록강과 두만강을 건너 일본군과 심심치 않게 전투를 벌였어요. 홍범도가 이끄는 대한독립군도 그런 독립군 부대 가운데 하나였어요.

1920년 6월 홍범도가 이끄는 대한 독립군이 압록강을 건너 일본군 초소를 습격해 일본군 몇 명을 사살하고 돌아갔어요. 의문의 일격을 당한 일본군은 홍범도 부대를 토벌하기 위해 독립군의 근거지인 봉오동˙으로 출격했어요.

홍범도의 대한독립군과 최진동의 군무도독부 연합 부대는 봉오동 골짜기에서 일본군을 기다리고 있다가 일본군 150여 명을 사살했어요. 이 전투가 우리 독립군이 일본 정규군과 싸워 승리한 최초의 전투예요. 봉

홍범도 1868~1943
1907년 함경북도에서 의병을 일으켜 여러 차례 항일전에서 적군을 격파했다. 만주로 건너가 대한독립군을 이끌고 청산리 대첩에 참여하였으며, 김좌진이 이끄는 북로군정서와 함께 일본군을 무찔렀다.

오동 전투에서 패한 일본군은 우리 독립군이 생각보다 세다는 걸 알고 독립군 근거지를 초토화시키기 위해 대대적인 토벌 작전을 벌이기로 했어요.

독립군 최대의 승리 청산리 대첩

그해 10월. 약이 바짝 오른 일본군이 홍범도 부대를 추격하기 시작했어요. 홍범도는 적들의 추격을 미리 알고 백두산 기슭에 자리 잡은 청산리라는 곳으로 이동했고, 김좌진도 북로군정서 부대를 이끌고 청산리로 합류했어요. 홍범도와 김좌진 연합 부대는 추격해 오는 일본군과 청산리 일대의 여러 마을에서 일주일 동안 전투를 벌여 큰 승리를 거뒀어요.

청산리 대첩 청산리 대첩에서 승리한 독립군이다. 독립군이 거둔 가장 큰 승리로 2천800여 명의 독립군이 약 20배에 달하는 일본군을 무찔렀다.

화가 난 일본군은 독립군 부대가 떠난 간도 지역의 조선인 마을을 모조리 불태우고 조선인을 무참히 학살했어요. 이 사건을 간도 참변이라고 해요. 이후 만주의 독립군 부대는 이리저리 흩어져 시련의 시간을 보내야 했어요.

1930년대 들어 만주에 있는 조선인 공산주의자들은 일본에 반대하는 모든 세력과 힘을 합쳐 항일 무장 투쟁을 벌였어요. 이들 항일 유격대는 압록강을 건너 여러 차례 국내 진공 작전을 벌였는데,

한국광복군 대한민국 임시 정부 직속 군대인 한국광복군은 1940년 9월 17일에 만들어졌다. 앞줄 가운데 다리를 꼬고 앉아 있는 사람이 김구다.

1937년 6월 함경남도 보천보를 점령하고 일제 경찰서와 면사무소를 습격해 일제에 큰 타격을 주었어요. 1940년대 중국 옌안에서는 조선의용군이 중국 공산당 군대와 함께 항일전을 벌였어요. 만주의 항일 유격대와 옌안의 조선의용군은 일제 패망 뒤 북한으로 들어가 인민군에 편입되었어요.

1940년 대한민국 임시 정부는 간부 30여 명을 주축으로 한국광복군을 창설했어요. 2년 뒤 김원봉이 이끄는 조선의용대가 합류하면서 한국광복군은 비로소 군대 모습을 갖추게 되었지요. 그즈음 일본은 미국과 태평양 전쟁을 벌이고 있었는데, 한국광복군은 연합군과 함께 인도와 미얀마 전선에서 일본군과 싸웠어요.

임시 정부와 미국은 한국광복군 대원들을 미군 전략 정보처의 특수 훈련을 받게 해 국내에 침투시킬 계획이었어요. 하지만 국내 침투 준비를 거의 다 마치고 작전 명령을 기다리고 있던 8월 어느 날, 일본이 갑자기 연합군에 항복하는 바람에 한국광복군의 국내 침투 작전은 물거품이 되고 말았지요. 우리 힘으로 일제를 물리치지 못한 결과는 우리 민족에게 커다란 재앙으로 다가왔어요.

학생 노동자 농민, 각자 위치에서 투쟁!

의열단이 중국, 일본, 한반도 여기저기에서 폭탄을 던질 때, 독립군이 만주에서 일본군과 전쟁을 벌이고 있을 때, 한반도에 있던 수

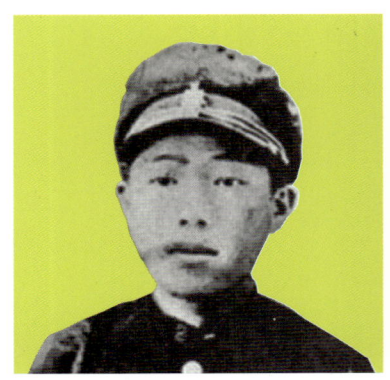
박준채 광주 학생 운동의 도화선이 되었던 사건의 주인공이다. 사건 이후 광주 학생 운동에 참여하여 3개월간 감옥살이를 했다.

박기옥과 이광춘 일본인 학생들이 박기옥, 이광춘 등에게 모욕적인 발언과 조롱을 한 사건이 광주 학생 운동의 발단이 되었다. 이후 이광춘은 광주 학생 운동에 참여했다.

많은 조선인들은 손 놓고 가만있지 않았어요. 청년 학생들은 제2의 3.1 운동을 일으키기 위해 1926년 6.10 만세 운동을 벌였고, 1929년엔 전라도 광주에서 광주 학생 운동을 벌였어요.

광주 학생 운동은 광주와 나주를 오가는 통학 열차 안에서 일본인 학생이 조선인 여학생을 희롱한 것에 분개한 조선인 학생이 일본인 학생 얼굴에 주먹을 날리면서 시작됐어요. 하지만 일본 경찰은 잘못한 일본인 학생은 봐주고 조선인 학생만 구속했어요. 광주 지역 학생들은 일제는 물러가라며 시위를 벌였어요. 11월 3일 시작된 광주 학생 운동은 전국으로 확대돼 1년 가까이 전국에서 수만 명의 학생이 참여하는 항일 시위로 발전했어요.

농민들은 논밭에서 싸웠어요. 1920년대 초만 해도 한 해 수십 건 미만이던 소작 쟁의가 해가 갈수록 늘어나 100건이 넘게 발생했어요. 소작 쟁의는 남의 땅에서 농사를 짓는 소작인들이 수확량의 반

이상을 내야 하는 소작료를 낮춰 달라며 벌인 싸움이에요. 농민들은 소작 쟁의를 벌이며 지주와 그들을 편드는 일제와 맞서 싸웠어요.

노동 운동이 독립운동

노동자들은 자기가 일하는 공장에서 싸웠어요. 1929년엔 원산 지역의 노동자들이 파업을 하며 네 달 넘게 일제와 큰 싸움을 벌였어요. 원산 총파업이라 불리는 이 싸움은 일제 강점기에 벌어진 노동 운동 가운데 규모가 가장 컸어요.

원산 총파업은 1928년 9월 원산의 한 석유 공장에서 일본인 감독이 조선인 노동자를 구타한 것이 발단이 되어 일어났어요. 이때 원산 지역의 노동자들이 구타에 항의하며 함께 싸우기 시작했는데, 다음 해 1월 원산 부두에서 일하는 노동자들이 임금 인상을 요구하며 파업을 벌이면서 원산 지역의 모든 노동자들이 참여하는 총파업 투쟁으로 발전했어요.

일제가 경찰을 동원해 노동자들을 탄압하자 원산 지역 노동자들은 도시 전체를 마비시킬 만큼 강력한 싸움을 벌였어요. 비록 일제의 탄압으로 네 달 만에 막을 내리긴 했지만 원산 총파업은 그 후에 벌어진 노동 운동에 큰 영향을 끼쳤어요.

이뿐만 아니라 부산의 부두 노동자, 목포의 기름 공장 노동자, 함경도의 광산 노동자 등 전국의 노동자들이 해마다 100여 건 이상의 파업을 벌여 악덕 기업가와 그들의 뒤를 봐주는 일본 경찰과 싸웠어요.

다음 해 평양에선 고무신 공장 노동자들이 임금을 깎는 것에 항의해 파업을 벌였어요. 이번에도 역시 기업가와 일본 경찰은 노동자들을 탄압하고 노동자들의 요구를 들어주지 않았어요. 그러자 강주룡이라는 여성 노동자가 평양에서 가장 높은 을밀대 지붕 위로 올라가 고공 시위를 벌였어요. 을밀대 위로 올라간 강주룡은 "사다리 대고 나를 끌어내리기만 해 봐라. 내 여기서 떨어져 죽을 테니까." 하면서 버텼어요. 그 덕에 임금이 덜 깎였지만 강주룡은 강제로 끌려 내려와 감옥에 갇혀 고통을 당한 뒤 그 후유증으로 세상을 떠나고 말았지요.

이 땅을 지켜 온 이름 없는 독립운동가들

　소 돼지를 잡아 파는 백정들은 고기의 무게를 잴 때 사용하는 저울처럼 평등한 세상을 만들자며 1923년 진주에서 형평 운동을 시작했어요. 형평 운동은 신분 차별을 없애는 운동인 동시에 일제 식민지에 맞서는 항일 운동이기도 했어요.

　교육 차별에 저항하는 학생들이나, 소작 쟁의를 벌이는 농민이나, 파업을 벌이는 농민이나, 형평 운동을 벌이는 백정이나, 처음에 이들의 싸움은 자기들의 권리를 요구하는 것에서 시작됐어요. 그러다 일제 경찰이 이들을 탄압하면서 모든 싸움은 민족 해방 운동으로 모아졌어요. 그렇게 자기 자리에서 일제와 싸우며 자기의 삶을 일궈 온 99퍼센트의 평범한 사람들 덕분에 35년의 기나긴 식민지 지배에도 우리 민족은 영토를 지켜 내고 국가를 이어 온 게 아닐까요?

경성 멋쟁이 모던 걸과 모던 보이

말끔하게 정장을 차려 입은 신사와, 한 손엔 양산, 다른 한 손에는
핸드백을 들고 갓 뽑아낸 원피스 정장을 입은 여자가 서양식 건물 앞을
지나고 있군요. 커플을 바라보는 옆 사람들의 표정이 재미있네요.
댕기머리 소녀들은 부럽다는 표정이고요, 갓을 쓴 노인은
못마땅한 듯 인상을 쓰고 있어요. 두 남녀는 경성의
새로운 패션과 문화를 주도하는 모던 걸, 모던 보이예요.
경성의 신세대, 모던 걸과 모던 보이는 누구일까요?

--- 연표 ---

1916년 ▶ 미쓰코시 백화점 개점
미쓰코시 백화점이 서울 명동에 문을 열다

1921년 ▶ 나혜석 개인전 개최
나혜석이 여성 화가 최초로 유화 개인전을 열다

1929년 ▶ 최승희 귀국
단발머리를 한 최승희가 일본에서 돌아오다

1934년 ▶ 나혜석 〈이혼 고백서〉 발표
나혜석이 여성의 정조 관념을 강요하지 말라며 자신의 이혼을 고백하다

신세대가 등장한 1920년대 경성의 거리

일제에 국권을 빼앗기기 전 대한 제국의 수도 한성의 모습을 기억하나요? 전차, 전화, 전기, 기차 등 수천 년 동안 듣도 보도 못한 신문물이 한꺼번에 우리 앞에 나타나 사람들을 놀라게 했던 모습을요.

아무리 새로운 것 천지였다 해도 그때 대한 제국의 수도 한성은 아직 흑백 사진 속 풍경 같은 분위기였어요. 1895년 단발령 이후 머리를 짧게 자른 남자들이 개화된 모습을 보여 주긴 했지만, 거리의 집들은 여전히 초가였고, 여인들은 흰색 저고리와 치마를 입고, 머리는

경성의 본정 지금의 서울 명동 근처 거리로 1920년대 무렵부터 중심가로 성장한 본정이다. 서양식 옷을 입은 사람과 한복을 입은 사람이 보인다.

길게 땋거나 쪽진 머리를 한 채였어요. 하지만 1920년대가 되면 식민지 수도 경성은 총천연색으로 확 바뀌어요. 그 변화를 주도한 사람들은 소위 모던 걸, 모던 보이라 불리는 신세대였어요.

신세대라 불리는 젊은이들은 어느 시대나 늘 있었어요. 나이 지긋한 어른들이 "쯧쯧, 요즘 것들, 하고 다니는 것 보면 말이야, 말세야 말세." 하며 혀를 차는 모습은 조선 시대에도 또 지금도 보게 되는 풍경이지요. 하지만 100년 전 경성에 나타난 모던 걸과 모던 보이들은 이전 모습과 달라도 너무 달랐어요.

모던 걸, 모단 걸, 못된 걸

먼저 모던 걸이라 불리던 신여성의 헤어스타일을 볼까요? 개화기 이전의 조선 여인들은 길게 땋거나 쪽을 지어 곱게 빗어 올린 헤어스타일이었어요. 한두 해 그렇게 한 게 아니고요 수백 년 동안 이어져 온 스타일이었지요. 그런 머리를 싹둑 잘라 단발을 했어요. 어떤 여인들은 그 머리를 지지고 볶았어요. 파마라고 부르는 스타일이에요. 모던 걸은 그 머리에 멋들어진 모자를 쓰고, 한 손엔 고운 양산을 받쳐 들고, 다른 손엔 핸드백을 들었어요.

더 놀라운 건 치마였어요. 이제까지 여성들은 애 어른 할 것 없이 무릎 아래를 내 보이지 않았어요. 그랬던 여성들이 종아리가 훤히 드러나는 깡총한 치마를 입고 거리를 활보했어요.

모던 걸들이 경성 거리를 활보하자 사람들은 이 새롭고 기이한 모습에 당황하며 저 여인들을 무어라 불러야 할지 난감해 했어요. 여자가 울면 나라가 망하는 줄 알던 사람들은 짧은 머리, 짧은 치마의 모던 걸을 보고 못된 걸이라 불렀어요. 신문에선 단발 미인이라고도 하고 머리카락이 짧다 하여, 털 모, 짧을 단 자를 써서 모단 걸이라고도 불렀고요.

당시 신문과 잡지에 모던 걸을 풍자하는 삽화가 실려 있어요. 모던 걸을 사치스럽고, 돈을 좋아하며, 자유 연애를 하는, 행동이 바르지 않은 여성으로 묘사된 그림들이었어요. 그 당시 모던 걸을 바라보는 시선이 얼마나 따가웠는지 짐작할 수 있을 것 같아요.

경성의 핫 플레이스는 어딜까?

사람들이 가장 즐겨 찾는 곳은 새로 생긴 미쓰코시 백화점이었어요. 지금의 신세계 백화점 본점 자리에 있던 미쓰코시 백화점은 르네상스식으로 지은 건물인데, 그곳엔 휘황찬란한 옷이며, 액세서리, 화장품 등 다양한 물건이 진열돼 있었어요. 특히 양식을 먹을 수 있는 4층 식당과 커피를 마실 수 있는 옥상 정원은 경성의 '핫 플레이스'였어요.

몇 년 뒤에는 지금의 종로 타워 자리에 화신 백화점이 문을 열어

미쓰코시 백화점 지금의 신세계 백화점 본점 자리에 있는 미쓰코시 백화점(오른쪽)이다.

사람들을 유혹했어요. 화신 백화점은 우리 자본가가 만든 백화점인데, 서양식 건물에 엘리베이터와 에스컬레이터까지 갖춘 최첨단 빌딩이었어요. 이거 한번 타 보겠다고 시골에서 일부러 찾아오는 사람이 많아서 백화점은 늘 북적거렸다고 해요.

옷 헤어스타일 생각도 신세대

모던 걸들은 자기들을 무어라 부르든 개의치 않고 새로 생긴 백화점과 일본인 상점이 늘어선 지금의 충무로와 명동에서 쇼핑을 하고, 새로 생긴 다방에서 커피를 마시며 새로운 시대의 새 문화를 마음껏

누렸어요.

우리나라 최초의 여성 서양화가인 나혜석은 모던 걸 가운데서도 가장 눈에 띄는 모던 걸이에요. 당시 여성으로서는 드물게 일본으로 유학을 떠나 미술 공부를 했고, 우리나라에 유화를 정착시킨 최초의 전업 화가였어요. 귀국 후에는 유학 생활 중 느꼈던 여성의 삶을 옥죄는 현실을 비판하는 글을 언론에 발표하면서 신여성 운동을 주도했어요.

나혜석은 3.1 운동 때 만세 시위를 주도하다 5개월 간 옥고를 치

나혜석 1896~1948
나혜석은 뛰어난 예술가였을 뿐 아니라 독립운동에도 관여했다. 3.1 운동에 한계를 느낀 나혜석은 의열단을 지원하기도 했다. 사회적 시선에도 불구하고 나혜석은 자의식이 무척 강했다.

나혜석의 자화상

른 독립운동가이기도 한데, "배고플 때 밥을 먹듯이 사랑하고 싶을 때 사랑하는 게 뭐가 나쁘냐."라며 여자에게 정조 관념을 강요하지 말라고 당당히 외쳤어요.

나혜석은 실제로 도쿄 유학 중 유부남과 연애를 하고, 돌아와 다른 남자와 결혼을 하고, 파리 여행 중엔 유부남과 연애를 하다 이혼을 했어요. 신문은 이런 나혜석의 파격을 크게 보도하고, 그것을 본 사람들은 나혜석을 비난했지요. 왜 안 그랬겠어요. 지금 시대에도 그런 여성이 있다면 비난을 피하기 어려울 텐데 100년 전 경성이었으니.

최승희 1911~1969
일본에서 유학하면서 무용을 배웠고, 1929년 귀국해 최승희 무용 연구소를 세웠다. 조선 무용가로서는 최초로 일본, 중국, 미국, 유럽, 남미 등 전 세계를 다니며 공연했다.

화가 나혜석 못지않게 사람들의 관심을 끈 신여성은 무용가 최승희예요. 최승희는 우리나라 최초의 현대 무용가인데, 한국의 전통 무용을 현대적으로 해석해 공연하여 전 세계인의 사랑을 받았어요. 최승희가 일본에서 돌아와 귀국 무용 발표회를 할 때 경성이 떠들썩할 정도로 관심을 받았지요. 유럽으로 여행을 하던 중 최승희가 머리를 자른 소식이 신문에 소개될 정도로 최승희의 행동 하나하나가 사람들의 관심거리였어요. 아마 최승희가 펼치는 무용 스타일이 새로워서 이기도 했겠지만 최승희가 모던 걸 스타일의 신여성이어서 더 주목받았는지 몰라요.

경성의 모던 보이

모던 걸 옆에는 모던 보이가 있었어요. 모던 보이들은 충무로와 명동에 처음 생긴 다방에서 차를 마시며 문학과 예술을 논하고, 때론 카페에 나라 잃은 설움과 자신의 처지를 비관하며 술을 마셨어요.

모던 보이 당시 경성에서 유명했던 문인이자 모던 보이들이다. 왼쪽부터 이상, 박태원, 김소운이다. 이들은 무기력한 식민지 지식인들의 모습을 표현한 작품을 발표했다.

경성의 1세대 모던 보이는 〈날개〉를 쓴 시인 이상과 〈소설가 구보 씨의 일일〉을 쓴 소설가 박태원, 유명한 시인 백석 그리고 그림과 영화를 공부하는 청년들이었어요. 이상과 박태원은 이상이 경영하는 종로의 다방에서 클래식 음악을 들으며 시대와 문학을 이야기하곤 했지요.

사람들은 그들의 일거수일투족을 궁금해했어요. 그들이 발표하는 작품과 만나는 여성까지 큰 관심거리였어요. 그들은 경성 최고의 유명인이자 스타였던 셈이에요.

모던 걸과 모던 보이는 어느 날 갑자기 하늘에서 뚝 떨어진 사람들이 아니에요. 걱정 많은 어른들이 생각하는 것처럼 그렇게 퇴폐적이고 향락적인 것만도 아니었고요. 그들은 새로운 서구 문화와 사상을 누구보다 먼저 받아들이고, 그 문화를 향유하며, 경성의 최첨단 유행을 이끌었던 신세대였어요. 어느 시대나 유행과 문화를 주도하는 신세대가 있잖아요. 100년 전 경성에선 모던 걸과 모던 보이가 바로 그런 사람들이었어요.

공장과 전쟁터로 끌려간 사람들

하루 중 가장 어둡고 추운 때는 동트기 직전이라고 해요. 우리 민족에겐 해방되기 몇 년 전이 꼭 그런 때였어요. 그때 일제는 최후의 발악이라도 하듯 우리 민족을 정말 달달 볶았어요. 젊은 남자들을 강제로 공장과 전쟁터로 끌고 갔어요. 하지만 그보다 더 용서할 수 없는 건 어린 소녀들을 일본군의 성 노예로 끌고 간 거예요. 아, 일본군에 양팔을 붙들린 채 불안과 공포에 떨며 끌려가는 저 소녀의 운명은 장차 어찌될까요?

연표

1931년 ▶ 위안부 모집
총독부가 일본군 위안부를 모집하여 전장으로 보내다

1937년 ▶ 중일 전쟁 발발
일본이 중국을 침략하여 전쟁을 벌이다

1938년 ▶ 국가 총동원법 발표
일제가 한민족을 전쟁에 동원하기 시작하다

1941년 ▶ 진주만 공습
일본군이 하와이 진주만에 정박 중이던 미군 군함들을 기습 공격하다

1944년 ▶ 징병제 실시
총독부가 한민족을 전쟁에 동원하는 징병제를 시작하다

조선말 금지, 조선 이름 금지

우리 민족을 향한 일제의 탄압은 갈수록 심해졌어요. 일제가 우리 민족을 얼마나 달달 볶았냐면요, 학교에서 우리말을 아예 못 쓰게 하고, 우리말을 쓰다 걸리면 엄한 벌을 주었어요. 어른들에겐 성과 이름을 일본식으로 고치는 창씨개명을 강요했고요. 우리는 흔히 어떤 것을 결코 하지 않겠다고 강하게 부정할 때 성을 간다고 말해요. "내 다시 저 인간하고 게임을 하면 성을 간다, 성을 갈어." 이렇게요.

성을 간다는 건 핏줄을 중시하는 우리 민족에겐 결코 있을 수 없는 일이었어요. 이러니 일제가 창씨개명을 강요하며 만약 따르지 않으면 학교도 못 다니게 하고 취직도 안 시켜 준다고 했을 때, 조선 사람들 마음이 어땠겠어요? 버틴 사람도 있었지만, 많은 사람들은 일제의 협박에 못 이겨 일본식으로 성과 이름을 바꿨어요.

그건 그렇다 쳐요. 김막동이 나카무라로 이름을 바꾼다고 진짜 일본 사람이 되는 건 아니니까요. 그보다 정말 조선인을 고통스럽게 한 건 전쟁터와 공장과 건설 현장으로 조선 사람을 강제로 끌고 간 거예요.

창씨개명 1940년 경성부 주민들이 경성부청 호적과에서 창씨개명을 하고 있다. 1940년 2월부터 8월까지 시행되었고, 친일파들이 앞장서서 이끌었다.

확대되는 전선, 부족한 군인을 조선에서

일제는 1937년 중국 대륙을 침략하며 중국과 본격적인 전쟁을 벌였어요. 중일 전쟁이 시작된 건데, 그때부터 일제는 돌이킬 수 없는 전쟁의 늪으로 빠져들어 갔어요. 해방 4년 전인 1941년에는 하와이 진주만에 정박 중이던 미군 군함들을 기습 공격했어요. 태평양 전쟁의 서막을 알리는 신호탄이었지요. 그러고는 아시아 온 동네를 들쑤시고 다니며 전쟁을 벌였어요. 전선이 확대되자 일제는 전장에서 싸울 군인과 전쟁에 쓰일 무기와 물건을 만드는 노동자가 필요했어요. 일제는 필요한 군인과 노동자를 보충하기 위해 조선 사람을 강제로 끌고 갔어요.

처음엔 학도병으로 지원하는 학생들만 끌고 가더니 전세가 불리해지자 조선인 학생들을 아예 강제로 모아 끌고 갔어요. 그렇게 끌려간 조선 청년들은 총알받이가 되어 죽고, 탈출을 하다 죽어 갔어요.

강제 징집 1943년 학도 지원병으로 징집되어 전장으로 떠나는 조선인이다. 1944년부터는 만 20세가 된 청년들부터 모두 징병의 대상이 되어 약 20만 명이 넘는 사람이 끌려갔다.

일본에서 유학 중이던 장준하도 학도병으로 끌려간 조선 청년 가운데 한 사람이었어요. 장준하는

장준하 1918~1975
독립운동을 하다 한국광복군 소위로 복무했고, 해방 이후 정치인으로 활동했다. 5.16 군사 정변 이후 반독재 운동을 하다 의문의 죽음을 맞이했다.

일본군에 끌려가기 전 이미 탈출할 생각을 했다고 해요. 만주의 일본군 부대에 있던 장준하는 조선인 동료 몇 명과 어느 여름밤 일본군 부대를 탈출했어요.

낮에는 추격하는 일본군을 따돌리고 밤에 이동하는 식으로 부대에서 점점 더 멀리 달아난 청년들은 중국군에 의해 구출되기 전까지 생사를 넘나드는 고통을 겪었어요. 장준하 일행은 한겨울 제비도 넘기 힘들 정도로 높고 험하다는 파촉령을 넘어 임시 정부를 찾아갔어요. 운이 좋았지요. 장준하처럼 탈출에 성공해 살아남는 건 쉽지 않은 일이었으니까요. 임시 정부에 도착한 장준하 일행은 한국광복군 대원이 되어 국내 침투 훈련을 받던 중 해방을 맞았어요.

군함도로 끌려간 사람들

일제는 국가 총동원령을 내려 농촌에 사는 남자들을 끌고 갔어요. 그렇게 끌려간 수십만 명은 일본의 홋카이도나 큐슈, 사할린섬에 있는 탄광에서 하루 12시간 넘게 석탄을 캤어요.

하시마섬은 섬 모양이 군함을 닮았다고 하여 군함도로 불려요. 그곳에는 하시마 탄광이 있었는데 1킬로미터가 넘는 해저 탄광이에요. 그 탄광에 조선인 노동자들이 있었지요. 중일 전쟁을 시작한 1937년 이후 일제는 수백 명의 조선인 노동자를 군함도에 끌고 가 석탄 캐는 일을 시켰어요. 조선인 노동자들은 먹을 것도 제대로 먹지 못한 채 좁은 갱도에서 석탄을 캤어요. 그러다 바닷물이 들어와 죽고, 갱도가 무너져 죽고, 일이 너무 힘들어 도망치다 붙잡혀 고문을 당해 죽었어요. 그렇게 죽은 조선인 노동자가 100명이 넘는다고 해요. 그래서 군함도를 지옥도라 부르기도 한대요.

지옥에서 살아서 돌아온 조선인 노동자들은 지금 일본 정부를 상대로 배상 소송을 벌이고 있어요. 하지만 일본 정부는 1965년 박정희 정권 때 맺은 한일 협정에서 식민지 지배에 대한 배상을 다했다며 강제 징용당한 노동자들에 배상을 해 주지 않으려고 해요. 그러면서 일본은 군함도가 일본 근대화의 상징이라며 세계 유산에 등재했어요.

징용으로 끌려간 사람들에게 지옥은 군함도만이 아니었을 거예요. 비행장을 닦고, 무기를 만드는 공장에서 일하고, 다리를 놓는 건설 현장에서 죽도록 일을 해야 했던 그 모든 곳이 지옥이었을 거예요.

하시마섬 일본 나가사키현에 있는 무인도로 군함도로도 불린다. 1940년부터 1945년까지 조선인을 강제 징용하여 석탄 채굴 노동을 시킨 곳이다.

반인류 범죄 '일본군 위안부'

하지만 그건 약과예요. 일제는 정말 해서는 안 될 범죄를 저질렀어요. 조선 여성들을 공장에 취직시켜 주겠다는 등 다양한 구실로 꾀어 '일본군 위안부'로 삼은 거예요. 위안부 제도는 일제가 일본군의 성욕을 해결하기 위해 만든 제도예요. 일제는 한국, 중국, 베트남, 대만, 필리핀 여성들을 위안부로 끌고 가 일본군의 성 노예로 삼았는데, 전체 위안부 중에 조선 여성들이 가장 많았다고 해요.

하지만 일본 정부는 아직까지 위안부 피해자들에게 제대로 된 사죄와 배상을 하지 않고 있어요. 그러면서 정부 차원에서 위안부를 동

조선인 위안부 위안부는 제2차 세계 대전 동안 일본군의 성욕을 해소하기 위해 강제적이고 비인간적으로 동원된 여성들이다. 사진은 1944년 8월 14일 버마에서 미군에 의해 해방된 후 미군의 조사를 받고 있는 장면이다.

원하지 않았다는 말을 되풀이 하고 있어요. 조선 여성들을 강제로 끌고 간 것도 문제지만 그에 대해 제대로 사과하지 않는 태도는 더 문제예요. 잘못을 인정하지 않고 반성하지 않는 일본의 태도는 얼마든지 기회만 있으면 또 이런 일을 저지를 수 있다는 뜻이기도 하니까요.

전쟁터로, 공장으로, 탄광으로 끌려간 사람들의 고통에 비하면 아무것도 아니지만, 조선에 남은 사람들의 고통도 이만저만 아니었어요. 일제는 조선에서 수확한 곡물의 반 이상을 공출이란 이름으로 빼앗아 갔어요. 쌀뿐만이 아니에요. 무기를 만들 쇠와 구리가 부족해지자 집집마다 다니며 놋그릇, 수저, 젓가락, 요강을 빼앗아 가고, 심지어 절에서는 불상을, 교회에서는 종을 빼앗아 가기도 했어요. 이렇듯 일제의 수탈은 상상을 초월할 만큼 가혹했어요.

일제의 수탈과 억압이 극에 달하던 해방 직전. 그때가 바로 우리 민족에겐 동트기 직전처럼 가장 춥고 어두웠던 시간이었어요. 밝은 해가 언제 떠오를지 몰라 그 어둡고 추운 시간은 더욱더 고통스럽게 느껴졌을지 몰라요.

3
해방
분단
전쟁

38선을 그은 자와 지우려는 자

분단은 갈라놓는 거예요. 하나의 강토를, 부모와 자식을, 형과 아우를, 사랑하는 연인을……. 35년 동안의 어둡고 긴 식민지 터널을 빠져나왔을 때 우리 민족이 마주친 건 남북으로 갈라진 조국이었어요. 마른하늘에 날벼락이었지요. 도대체 누가, 왜, 38선을 그은 걸까요? 복잡하게 얽힌 분단의 매듭을 풀어 가다 보면 그 해답을 찾을 수 있지 않을까요?

연표

1945년 8월 15일 ▶ 해방
조선, 꿈에 그리던 해방을 맞이하다

1945년 12월 ▶ 모스크바 3상 회의
미국, 영국, 소련의 외무 장관들이 모스크바에 모여 한반도의 전후 처리 방안을 결정하다

1946년 1월 ▶ 신탁 통치 찬반 운동
모스크바 3상 회의 결정을 두고 좌익과 우익이 대립하다

1946년 3월 ▶ 제1차 미소 공동 위원회
모스크바 3상 회의의 결정에 따라 미국과 소련의 대표가
한반도에 임시 민주주의 정부 수립을 논의하다

1946년 ▶ 좌우 합작 운동
좌익과 우익이 좌우 합작 정부 수립을 위해 뜻을 모으다

1947년 7월 ▶ 여운형 사망
여운형이 우익 청년에게 암살당하다

1947년 9월 ▶ 한반도 문제의 유엔 이관
미국과 소련이 한반도 문제를 매듭짓지 못하자 미국이 한반도 문제를 유엔으로 넘기다

해방의 기쁨, 분단의 슬픔

1945년 8월 15일. 우리는 마침내 일제 식민지에서 해방됐어요! 사람들은 거리로 쏟아져 나와 만세를 부르며 해방의 기쁨을 만끽했어요. 어쩌면 그날은 5천 년 우리 역사에서 가장 기쁜 날이었는지 몰라요. 그 기쁜 날을 얼마나 기다렸으면 저항 시인 심훈은 해방이 되면 자기는 밤하늘을 나는 까마귀같이 종로 보신각의 종을 머리로 들

해방의 기쁨 1945년 8월 16일 형무소에서 풀려난 독립운동가들이 시민과 함께 해방의 기쁨을 누리고 있다.

이받아 울릴 거랬어요. 해방의 종을 울리다가 두개골이 깨어져 산산조각이 나도 상관없댔어요. 기뻐서 죽는데 무슨 한이 남겠느냐면서요.

해방의 기쁨 속에서도 냉정하게 사회 질서를 유지하고 새 나라를 세우기 위해 움직인 사람들이 있어요. 바로 여운형을 중심으로 한 건국준비위원회예요. 여운형이 누군지 기억하나요? 김규식을 파리 강화 회의에 파견해 3.1 운동의 물꼬를 튼 주인공이잖아요. 여운형은 그 뒤 국내에서 독립 운동을 했는데, 일제 말 건국동맹이라는 비밀 조직을 결성해 독립에 대비해 왔어요. 그러다가 해방이 된 바로 다음날 건국준비위원회를 발족해 전국의 치안과 사회 질서를 유지하도록 했지요.

하지만 죽어도 좋을 만큼 기뻐하던 조선 민중과 새 나라 건설에 박차를 가하던 건국준비위원회 활동에 찬물을 끼얹는 일이 벌어졌어요. 한반도 허리에 38선이 생겨 남북이 분단되고, 남과 북에 각각 외국 군대가 들어와 우리 뜻대로 새 나라를 세우는 일이 어려워진 거예요. 그것은 마른하늘에 날벼락이었지요.

고래 싸움에 새우 등 터진다는 말이 있어요. 강자들 싸움에 아무 상관도 없는 약자가 피해를 입는다는 뜻이에요. 38선으로 분단된 한반도가 바로 고래 싸움에 등이 터진 새우 신세였어요. 등 터진 새우가 우리란 건 알겠는데, 도대체 고래 두 마리는 누구며, 그들은 왜 우리를 분단의 고통으로 몰아넣은 걸까요? 고래의 실체를 알기 위해선 해방 열흘 전으로 시계를 되돌려 봐야 해요.

히로시마에 떨어진 원자 폭탄 한 방

해방이 되기 열흘 전인 1945년 8월 6일. 그날 아침 미군 폭격기 B-29 한 대가 일본 히로시마 상공을 날고 있었어요. 한동안 히로시마 상공을 날던 폭격기는 '리틀 보이'라는 별명을 가진 원자 폭탄을 떨어뜨렸어요! 무조건 항복하라는 미국의 요구를 무시한 채 버티고 있던 일본은 원자 폭탄을 맞고 큰 혼란에 빠졌지요.

미국은 원자 폭탄을 쓴 이유가 "일본과의 전쟁을 빨리 끝내 자기네

원자 폭탄 투하 후 히로시마 미국은 일본의 항복을 받아 내기 위해 1945년 8월 6일과 9일, 각각 히로시마와 나가사키에 원자 폭탄을 투하했다. 이로 인해 약 21만 명이 사망했고, 일본은 결국 항복했다.

군인의 희생을 줄이기 위해 그랬다."라고 했지만, 몇 달 전 개발에 성공한 인류 최초의 신무기를 시험 삼아 터뜨린 거 아니냐는 비난을 받았어요.

원자 폭탄은 히로시마 시가지를 불바다로 만들고, 사람과 건물을 태우고, 모든 것을 날려 버렸어요. 의문의 일격을 당한 일본이 미국에 항복할 기미가 보이자 당황한 소련은 재빨리 일본과의 전쟁에 참여하겠다고 선언했어요. 왜 그랬을까요? 만약 지금 일본이 미국에 항복하면 일본 열도와 한반도의 지배권을 국제 사회에서 소련과 라이벌인 미국이 독차지할 것 같았기 때문이었지요.

소련군이 한반도로 진격하자 당황한 미국

소련군이 일본에 선전 포고를 하고 만주로 진격하자, 이번엔 미국이 당황했어요. 만약 소련군이 밀고 내려와 만주와 한반도를 점령하면 동아시아에서 소련의 팽창을 막기 어렵게 될 거란 우려 때문이었어요.

동아시아의 시계는 째깍째깍 바쁘게 돌아가고 마침내 운명의 8월 10일 밤이 되었어요. 어제 아침에 나가사키에 두 번째 원자 폭탄을 맞은 일본은 마침내 미국에 항복할 뜻을 전했어요. 그때 이미 소련은 만주를 지나 압록강을 건너 한반도로 진격하고 있는 상황. 다급해진 미국은 워싱턴에서 긴급 군사 전략 회의를 열었어요.

회의는 밤늦게까지 이어졌고, 미국은 소련이 한반도 남쪽으로 밀고 내려오는 걸 막기 위해 한반도 중간 지점에 분할 선을 긋기로 결정했어요. 분할 선을 어디에 그을지 보고하라는 명령을 받은 미군 측 두 대령은 동아시아 지도를 쫙 펼쳐 놓고 30분 만에 북위 38도 위에 가로줄을 쭉 그었어요. 우리 민족을 고통으로 몰아넣은 38선은 그토록 어처구니없게 즉흥적으로 탄생했어요.

미군의 아이디어와 소련의 동의로 생긴 38선

38선 아이디어를 낸 미국은 소련에 동의를 구했고, 그 정도면 만족할 만하다고 판단한 소련이 동의를 하자 38선은 남북을 가로막는 장벽이 되었어요.

한 나라의 운명을 좌우할 분할 선을 그토록 깊은 고민 없이 확정한 것에 대한 비판이 일자 미국은 "미군과 소련군이 각각 38선 남쪽과 북쪽에서 일본군의 항복을 받기 위해 임시로 만든 분할 선일 뿐"이라고 해명했어요. 자기들은 원래 한반도를 나눌 생각이 아니었는데 군사적 편의를 위해 급하게 38선을 그었다는 말이지요.

그런데 이후 드러난 자료와 증언에 따르면 미국은 군사적 편의 때문에 즉흥적으로 38선을 그은 게 아니라 일본이 패망하면 조선을 어떻게 처리할지 몇 달 전부터 고민하다 한반도를 반으로 나누기로 결정했다고 해요.

임시로 그었든, 아니면 몇 달 전부터 한반도를 나누어 점령할 목표

를 세우고 계획적으로 그었든, 중요한 건 우리의 의사와는 전혀 상관없이 미국이 긋고 소련이 동의해 38선이 생겨났다는 사실이에요. 분단은 태평양 전쟁을 일으킨 전범국 일본이 됐어야 해요. 제2차 세계 대전에 패망해 동독과 서독으로 분단된 독일처럼요. 하지만 미국은 일본 열도를 소련과 나누고 싶지 않았고, 한반도를 소련이 차지하는 것도 원하지 않았어요. 결국 애꿎은 우리만 등 터진 새우 꼴이 되고 만 거예요.

신탁 통치 문제를 둘러싼 좌우 갈등

1945년 남과 북으로 분단된 한반도는 고르디우스의 매듭처럼 복잡하게 얽혀 버렸어요. 고르디우스의 매듭은 너무나 복잡하고 단단하게 얽혀 있어서 누구도 풀 수 없는 매듭을 일컫는 말이에요. 해방 직후 통일 정부를 세우는 일은 고르디우스의 매듭처럼 복잡했어요.

이 복잡한 문제를 해결하기 위해 가장 먼저 나선 건 미국과 소련이었어요. 해방되던 그해 12월 미국, 영국, 소련 세 나라 외무 장관들이 모스크바에 모여 한반도에 통일 정부를 세우기 위한 회의를 열었어요. 모스크바 3상 회의라고 부르는 이 회의에서 세 나라 외무 장관들은 한반도의 운명을 좌우할 중요한 결정을 내렸어요.

"첫째, 한반도에 통일 임시 정부를 세운다. 둘째, 임시 정부 수립을 돕기 위해 미국과 소련이 미소 공동 위원회를 연다. 셋째, 임시 정부가 수립되면 5년 이내를 기한으로 하는 연합국의 신탁 통치를 받는다."

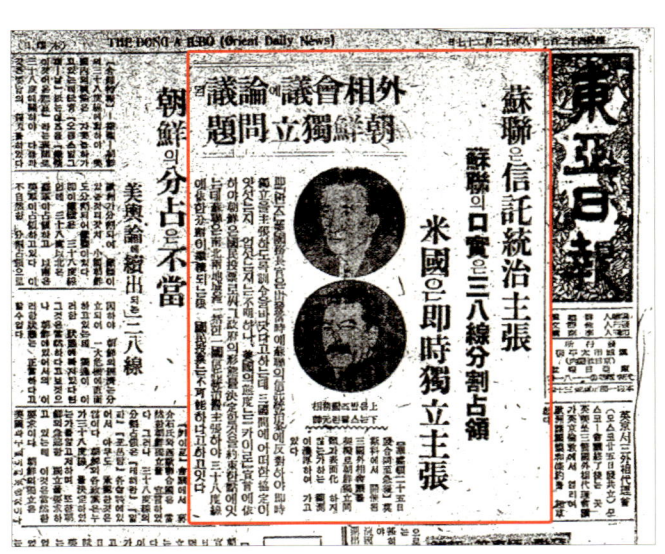

모스크바 3상 회의 결정 오보 사건 1945년 12월 27일자 동아일보 기사로, 오른쪽부터 '소련은 신탁 통치 주장', '소련의 구실은 삼팔선 분할 점령', '미국은 즉시 독립 주장'이라고 사실과 다른 내용이 쓰여 있다.

모스크바 3상 회의 결정이 내려진 다음 날, 〈동아일보〉가 임시 정부를 세운다는 핵심 내용은 쏙 빼고 '미국은 즉시 독립 주장, 소련은 신탁 통치 주장!'이라고 사실과 정반대되는 가짜 뉴스를 내보내는 바람에 남쪽 내 좌익과 우익의 갈등이 폭발했어요.

좌우 합작으로 통일 정부를 수립하자!

김구와 이승만 등 우익 세력은 "일제 35년도 죽을 만큼 치욕스러웠는데 해방된 마당에 또다시 다른 나라의 통치를 받으라니 말이 되느냐."라며 신탁 통치 반대 운동에 나섰어요. 반면 좌익 세력은 "지금 통일 임시 정부를 세우는 길은 모스크바 3상 회의의 결정을 따르는 길밖에 없다."라며 신탁 통치 문제는 임시 정부 수립 이후에 반대해도 늦지 않다고 주장했어요. 우익 세력은 신문 기사가 오보라는 사실이 밝혀진 뒤에도 매일매일 신탁 통치 반대 시위를 벌였어요.

극심한 좌우 갈등 속에서 미국과 소련은 통일 임시 정부 수립을 논의하기 위해 덕수궁에서 미소 공동 위원회 회의를 열었어요. 하지만 한반도에 자기들 입맛에 맞는 정부를 세우려는 욕심 때문에 회의는 중단되고 말았지요. 그러자 위기의식을 느낀 여운형과 김규식 등 중간파 지도자들이 좌우 합작 운동을 벌였어요. 좌우 합작 운동은 먼저

신탁 통치 반대 운동 1945년 12월에 열렸던 우익의 신탁 통치 반대 운동 집회다.

미소 공위 위원회 지지 운동 미소 공동 위원회 회의를 지지하고 모스크바 3상 회의 결정을 찬성했던 좌익의 집회다. 좌익과 우익은 신탁 통치를 두고 점점 더 심하게 대립했다.

미소 공동 위원회 1947년 7월 서울에서 열린 미소 공동 위원회에서 이야기하고 있는 양측 대표다. 왼쪽부터 미군정 사령관 존 하지, 소련 대표 레베데프와 스티코프이다.

1946년 6월 3일 이승만의 정읍 발언 남한 단독 정부 수립을 주장한 이승만의 정읍 발언을 보도한 서울신문의 기사다.

남쪽 내 좌익과 우익이 뜻을 모으고, 그런 다음 북쪽과 협의해 통일 임시 정부를 세우려는 운동이에요.

이 와중에 이승만은 전라도 정읍에서 "통일 정부를 세우는 일이 아무래도 어려울 것 같으니 우선 남쪽에서라도 먼저 정부를 세우자."라고 주장해 파문을 일으켰어요. 그때까지 아무리 통일 정부를 세우는 일이 어렵다고 해도 대놓고 단독 정부를 세우자고 말하는 사람은 없었거든요.

단독 정부 수립을 주장한 이승만

이승만과 우익 세력이 단독 정부부터 세우자고 주장하는 가운데 미국과 소련은 임시 정부 수립 문제를 논의하기 위해 다시 회의를 열었고, 여운형과 김규식이 주도하는 좌우 합작 위원회도 합작 운동을 이어 갔어요. 하지만 좌익과 우익이 친일파 처리 문제와 토지 개혁 문제를 놓고 한 치의 양보도 하지 않아 좌우 합작 운동은 어려움에 부딪치고 말았지요.

그러던 1947년 7월, 좌우 합작 운동을 이끌던 여운형이 우익 청년에게 암살당하는 바람에 좌우 합작 운동은 더는 결실을 맺기 어렵게 되었어요. 얼마 뒤 미국과 소련의 회의마저 또다시 결렬되자 미국은 회의를 통해 한반도에 통일 임시 정부를 세우는 건 불가능하다고 판단해 한반도 문제를 유엔에 넘겨 버렸어요. 유엔은 과연 고르디우스의 매듭처럼 복잡하고 단단한 한반도 문제를 풀 수 있을까요?

좌우 합작 위원회 1947년 12월 좌우 합작 위원회가 해체될 무렵에 찍은 사진으로 앞줄 왼쪽에서 여섯 번째가 김규식이다.

남과 북에 들어선 두 개의 나라

남과 북에 두 나라가 들어서기 전까지 우리는 분단을 극복할 수 있다는 기대를 품고 있었어요. 하지만 남쪽과 북쪽에 두 나라가 들어서면서 그 기대는 물거품이 되고 말았어요. 철조망 위의 새들이 이렇게 노래하는 것 같아요. "욕심쟁이, 욕심쟁이, 단독 정부를 세워서라도 권력을 차지하려는 욕심쟁이, 나라가 두 쪽 났는데 지금 웃음이 나와요!" 정말 걱정이에요. 남과 북의 저 두 사람이 장차 무슨 일을 벌일지요.

연표

1948년 4월 ▶ 남북 협상
김구, 김규식 등이 남한 단독 정부 수립을 막기 위해 북한 지도자와 협상을 하다

1948년 5월 10일 ▶ 남한 단독 선거
남한에서 단독으로 국회 의원을 뽑는 총선거를 치르다

1948년 8월 15일 ▶ 대한민국 정부 수립
남한에 대한민국 정부가 수립되다

1948년 9월 9일 ▶ 조선민주주의인민공화국 정부 수립
북한에 조선민주주의인민공화국 정부가 수립되다

남북 총선거는 실패하고

한반도 문제를 넘겨받은 유엔은 총회를 열어 남북이 모두 참여하는 총선거를 실시해 남북 통일 정부를 세우기로 결정했어요. 아, 희망이 보이는 것 같지요? 유엔은 이어 선거를 추진하고 감독할 대표단을 한국에 파견했어요. 호주, 캐나다, 인도 등 모두 8개국 대표로 이루어진 대표단이 한국에 들어왔을 때만 해도 희망이 보였어요. 그런데……

유엔 대표단이 북한에 가서 북한 사정을 알아보려고 하자 소련은 유엔 대표단이 북한으로 넘어오는 걸 막았어요. 유엔 계획대로 총선거를 실시하면 인구가 적은 북한이 불리할 거라 판단했기 때문이었지요.

남과 북에서 국회 의원 총선거를 실시한 뒤 통일 정부를 수립하려던 유엔 안이 거부되자 김규식은 큰 위기의식을 느꼈어요. 김규식? 앞에서 등장한 인물이잖아요. 여운형과 함께 좌우 합작 운동을 이끌었던 중간파 지도자. 김규식은 이대로 가면 통일 정부를 세우는 게 어렵다는 판단이 들어 김구에게 남북 지도자가 만나 남북 협상을 하자고 제안했어요. 김구는 김규식의 제안에 동의해 남북 협상에 나섰어요.

남북 협상에 나선 김구와 김규식

김규식과 김구가 북쪽 김일성에게 남북 협상을 하자는 편지를 보내고 답장을 기다리는 동안, 남북이 모두 참여하는 총선거가 불가능하다고 판단한 유엔은 "선거가 가능한 지역에서 먼저 총선거를 치러 정부를 수립한다."라고 결정했어요. 사실상 남한만의 단독 선거와 단독 정부 수립을 선언한 거예요.

이승만과 우익 세력은 두 손을 들어 환영했고, 김구와 김규식은 강하게 반대했어요. "남한이 정부를 수립하면 북쪽에서도 정부를 수립할 것이요, 그렇게 되면 남북이 피를 흘리게 될 것"이라고요. 하지만 유엔은 남쪽 지역에서 총선거를 치르기 위한 준비에 들어갔고, 선거 날짜를 1948년 5월 10일로 잡았어요. 그 사이 북쪽은 김구와 김규식에게 북쪽에서 조선의 모든 정당과 사회단체가 참여하는 회의를 열자고 제안해 왔어요.

4월 19일 방북 날 아침. 평양으로 가는 김구의 마음은 실로 착잡했어요. 김구의 집무실인 경교장 앞마당에 수백 명이 몰려와 북쪽 공

5.10 선거 홍보물 남한 단독 선거를 홍보하는 포스터이다. 1948년 5월 10일 결국 남한 단독 선거가 치러졌고, 당선된 국회 의원들이 제헌 헌법을 만들면서 남한 단독 정부가 수립되었다.

평양 을밀대에 선 김구와 김규식 1948년 4월 평양 을밀대에 선 김규식(왼쪽 두 번째)과 김구(왼쪽 세 번째)다.

산당에게 속는 거라며 절대 가지 말라고 드러눕는 가운데, 김구 자신도 남북 협상의 성과를 기대하기 어렵다는 생각이 들었기 때문이지요. 그럼에도 김구는 "38선을 베고 쓰러지는 한이 있더라도 북에 가겠다."라며 자기를 가로막는 사람들을 피해 뒷담을 넘어 경교장을 빠져나갔어요.

38선을 베고 쓰러지는 한이 있더라도

김구와 김규식이 북쪽 지도자인 김일성과 김두봉을 만나 "미국과 소련 군대를 철수하고, 남북은 절대 전쟁을 치르지 않으며, 통일 정부를 수립한다."라는 것을 합의하고 왔지만, 이미 때는 늦었어요. 김구와 김규식이 돌아온 지 열흘 뒤 남쪽에서 총선거가 실시됐고, 선거에 뽑힌 국회 의원들이 헌법을 만든 다음, 이승만을 대통령으로 뽑고, 마침내 8월 15일 대한민국 정부가 수립됐어요. 이로써 우리 민족은 1945년 38선에 의한 국토 분단에 이어, 1948년 국가가 분단되고, 2년 뒤인 1950년에는 6.25 전쟁으로 민족마저 분단되고 말아요.

통일 정부를 세우는 길이 점점 멀어져 가던 동안, 평화로운 섬 제주도에서는 아주 끔찍한 사건이 벌어졌어요. 단독 선거와 단독 정부 수립에 반대해 봉기를 일으킨 제주 도민들을 경찰과 군인들이 무참히 학살했어요. 1948년 4월 3일에 시작되어 4.3 사건이라 불리지요.

제주 4.3 사건은 왜 일어났을까요? 이승만 정부는 제주 도민들의 시위가 전국으로 확대되는 것을 우려해 제주 도민들을 좌익으로 몰아붙여 학살한 거예요. 군인과 경찰의 작전으로 평화롭던 마을은 통째로 사라지고, 좌익이 뭔지도 모르는 어린이와 노인들까지 무참히 희생됐지요.

이 사건이 시작된 1948년 4월부터 54년까지 희생된 제주 도민은 약 2만 5천~3만 명에 이르는데, 이는 제주도 전체 인구의 10분의 1에 해당한대요. 6.25 전쟁 다음으로 가장 처참했던 제주 4.3 사건은 단독 정부 수립 과정에서 무지와 편견이 만든 끔찍한 학살 사건이었어요.

대한민국 정부 수립 선포식 1948년 8월 15일 중앙청 앞 광장에서 열린 대한민국 정부 수립 기념식이다.

김일성은 소련 군함을 타고

해방이 되고 한 달이 지난 9월 19일. 소련군과 조선인을 실은 소련 군함 한 척이 원산항에 입항했어요. 그 배 안에는 소련 군복을 입은 33세의 젊은 조선인이 타고 있었지요. 그 젊은이는 약 한 달 뒤 평양 시민들이 열어 준 환영 대회에 처음 얼굴을 드러냈어요. 만주에서 항일 무장 투쟁을 벌여 전설의 독립군으로 알려진 김일성이에요.

김일성은 북한 역사 그 자체라고 해도 지나친 말이 아니에요. 김일성의 등장과 함께 북한의 역사가 시작되었고, 50년 동안 북한을 통치했으며, 그가 죽은 뒤 아들에게 권력을 넘겨주었고, 지금은 그의 손자가 통치를 하고 있으니까요. 해방 뒤 북쪽에서는 무슨 일이 일어나고 있었을까요?

해방이 뒤 38선 남쪽에서 미군이 미군정˙을 시작할 즈음, 북쪽에선 이미 소련군이 북쪽을 점령하고 있는 상태였어요. 남쪽처럼 북쪽도 외국 군대의 점령 아래 있었던 건데, 한 가지 다른 점은 소련군은 남쪽의 미군처럼 주민들을 직접 통치하지 않고, 북쪽 정치인들을 내세워 도와주는 모양새를 취했다는 사실이에요.

해방 당시 북쪽에는 여러 정치 세력이 있었어요. 김일성처럼 만주에서 항일 투쟁을 하던 만주파 공산주의자, 중국에서 중국 공산군과 함께 항일 전쟁을 벌이던 중국파 공산주의자, 일제 치하 국내에서 활동하던 공산주의자 그리고 국내에서 활동하던 민족주의자 등이 있었

미군정
1945년 일본의 항복으로 38선 이남 지역에 미군이 머물며 9월 8일부터 1948년 8월 15일 남한 단독 정부가 수립되기까지 3년 동안 실시한 미군 통치 시기.

김일성 1945년 10월 평양에서 개최된 민중 대회에서 처음으로 대중 앞에 나선 김일성이다.

지요. 이들은 38선 이북 지역에서 소련군의 지도 아래 정부 수립을 준비해 나갔어요. 이들 세력 가운데 소련이 자기들이 원하는 목표, 즉 북쪽에 사회주의 정권을 세우는 데 가장 적합한 인물로 찍은 사람이 바로 김일성이에요.

친일파 숙청과 토지 개혁

북조선공산당과 북조선임시인민위원회의 수장이 된 김일성은 앞으로 해야 할 아주 많은 일들 가운데 두 가지를 강하게 밀어붙였어요. 하나는 친일파를 숙청하는 것이고, 다른 하나는 토지를 개혁하는 일이었어요.

숙청
어지러운 상태를 바로잡음. 정치 단체나 국가 등에서 반대파를 처단하거나 제거하는 일을 말한다.

3장 해방 분단 전쟁 **133**

북쪽에서 일제에 협력하거나 우리 민족을 못살게 군 소위 친일파를 처형하자 많은 친일파들이 남쪽으로 내려왔어요. 남쪽에선 미군정이 친일 관료와 법관, 군인, 경찰을 그대로 기용하는 바람에 친일 청산의 첫발도 떼지 못하던 때였지요.

두 번째는 토지 개혁. 토지 개혁은 토지 제도를 새롭게 고쳐 농사지을 땅이 없는 농민에게 토지를 나눠 주는 거예요. 당시 많은 농민들은 소작농으로서 농사를 지어 반 이상을 지주에게 바쳐야 했기 때문에 생활이 무척 어려웠어요. 북쪽은 토지를 많이 가진 지주들로부터 토지를 몰수해서 가난한 농민들에게 돈을 안 받고 무상으로 나눠 주었어요. 북쪽은 수천 년 동안 하지 못한 토지 개혁을 단 한 달 안에 끝내 버렸어요. 농민들은 환영했지만 지주들은 공산당에 이를 갈며 남쪽으로 탈출했지요.

북한, 사회주의 정권 수립

북조선공산당은 이어 산업 시설을 나라 소유로 하고, 8시간 노동법과 남녀 평등법을 만드는 등 사회주의 국가의 모습을 갖추어 나갔어요. 그러고는 군대도 창설했어요. 김구가 북한을 방문해서 통일 정부를 세우자고 그들을 설득할 때 그들은 이미 나라꼴을 다 갖춰 놓고 있었지요.

급기야 북쪽은 남쪽에서 1948년 8월 15일 대한민국 정부를 수립

북한의 초대 내각 1948년 9월 9일 수립된 조선민주주의인민공화국의 초대 내각으로 가운데 김일성이 보인다. 이로써 남한과 북한은 서로 다른 길을 걷게 되었다.

하자마자 9월 9일 나라를 세웠어요. 조선민주주의인민공화국이라는 긴 이름의 나라였지요. 김일성 정권은 북한이 해야 할 목표를 정했어요. '친일파가 득실거리고, 아직도 미국 지배 하에서 고통받는 남조선과 통일하자!' 그들은 그것이 진정한 민족 해방이자 완전한 독립이라고 생각했어요. 그의 과도한 욕심과 잘못된 생각이 우리 민족을 얼마나 큰 고통 속으로 몰아넣었는지 생각하면, 어휴, 정말 끔찍해요.

친일파와 고국에 돌아오지 못한 사람들

식민지에는 세 부류의 사람들이 있어요.
침략 세력에 협력하는 사람, 저항하는 사람, 순응하는 보통 사람.
일제에 협력한 친일파들은 잘 먹고 잘살았어요.
해방 뒤 잠깐 위기를 겪었지만 재빨리 친미파로 변신해 위기를 넘기더니
독재 세력에 빌붙어 지금까지 살아남았지요. 해방 뒤 바로
친일파를 청산하지 못한 건 큰 불행이에요.

친일파 ▶ 일제에 협력하며 우리 민족을 괴롭힌 무리
일제 강점기에 일제와 야합하여 그들의 침략 약탈 정책을 지지하고 추종한 무리.
대표적인 인물로는 이완용, 이광수, 노덕술, 최남선, 박흥식 등이 있다.
친일파는 해방 이후 제대로 청산되지 못해 아직도 건재하다. 일제 강점기에 돈줄을 쥐고 있던
친일파들은 해방 이후 처벌받지 않고 오히려 정경 유착을 통해 부와 권력을 얻었다.

돌아오지 못한 사람들
일제의 수탈에 못 이겨 조국을 등지고 떠났던 사람들 가운데 일부는
남한에 돌아올 수 없었다.

해방 뒤 가장 먼저 했으면 좋았을 일

해방 이후 우리 민족이 가장 먼저 했어야 할 일은 친일 청산이었을 거예요. 친일 청산은 일제 강점기 때 일제에 적극적으로 협력해 우리 동포들을 고통 속에 빠뜨린 친일파에게 죄를 묻고, 일제의 잔재를 없애는 일이었어요. 하지만 해방 뒤 친일 청산은 실패했어요. 왜 그랬을까요?

친일 청산을 하지 못한 이유 중 하나는 미군정의 이상한 정책 때문이에요. 해방이 되자 친일파들은 생명의 위협을 느껴 도망치거나 숨었어요. 그래도 자기가 잘못한 줄은 알았나 봐요. 그런데 미군이 들어와 미군정을 실시하면서 친일파 경찰, 행정 관료, 검사, 군인 등 일제에 협력한 친일파를 다시 채용했어요.

그러자 이젠 죽었구나 하고 숨어 있던 친일파들이 스멀스멀 세상에 나오기 시작했어요. 세상에 나와서 반성하며 조용히 살면 그나마 다행인데, 친일파들은 친일 청산을 요구하는 사람들을 '공산당', '빨갱이'라고 공격하며 박해했어요. 이 때문에 1차 친일 청산 실패.

친일 청산에 실패한 이유

1948년 8월 15일 대한민국 정부가 수립되고 친일파를 청산할 수 있는 또 한 번의 기회가 있었어요. 정부 수립 이후 국회는 반민족 행위 특별 조사 위원회, 줄여서 반민특위를 만들었어요. 반민특위가 활동을 시작하자 많은 국민들은 친일파를 처벌하게 되리라 기대했어요. 이런 기대 속에서 반민특위 수사관들은 일제 강점기 때 학생들에게 학도병에 지원해 일본 천황을 위해 싸우라는 글을 썼던 소설가 이광수, 일제에 비행기를 헌납한 박흥식 등 이름난 친일파를 잡아들였어요.

그런데 일제 강점기 때 숱한 독립군을 고문한 것으로 악명이 높은 친일 경찰 노덕술을 체포하자 분위기가 이상하게 돌아갔어요. 대통령 이승만은 노덕술이 공산주의자들을 잡는 데 공이 크다며 그를 풀어 주라고 압력을 넣

박흥식 1903~1994
일제 강점기의 대표적인 기업인. 화신 백화점의 사장으로 일제가 전쟁하는 데 적극적으로 협조했다. 반민특위에서 첫 번째로 체포되었으나 곧 보석(보증금을 내거나 보증인을 세우고 풀려남)되었다.

반민특위 반민특위에 체포된 친일파들이 재판을 받고 있다. 반민특위는 1948년 9월에 공포한 반민족 행위 처벌법을 집행하기 위해 설치한 특별 위원회이다. 정부의 비협조로 성과를 거두지 못하고 1949년 6월에 해산되었다.

이광수의 창씨개명 권고 칼럼 1939년 12월 12일 경성일보에 실린 이광수의 창씨개명 권고 칼럼이다. 이광수는 2.8 독립 선언을 주도하고 임시 정부에 참여했다가 일제 강점기 말에는 적극 친일했다.

었어요. 반민특위 위원장이 거부하자 이승만은 대놓고 반민특위 활동을 탄압했어요. 급기야 1949년 6월 경찰이 반민특위 사무실을 습격하면서 반민특위 활동은 중단됐어요. 이로써 친일파로 구속됐던 사람들은 모두 풀려나고, 2차 친일 청산 시도도 실패.

친일 청산을 하지 못한 결과

친일파들은 친일 잔재를 청산하는 일에 강력하게 저항했어요. 왜 안 그랬겠어요. 친일 청산이 제대로 이뤄지면 자기들이 저질렀던 잘못이 만천하에 드러나고, 친일 행위로 모은 재산을 잃게 될 테니까요. 그렇게 살아남은 친일파들은 친미파로 변신하고, 이승만과 박정희 독재 정권에 협력하며 오늘날까지 자기들의 기득권을 지켜 오고 있어요.

해방 이후 곧바로 친일 청산을 하지 못하는 바람에 우리는 아직도 친일이다, 아니다 이러면서 갈등을 겪고 있어요. 사람이 잘못을 했으면 반성하고 사과를 해야

하는데 친일파들은 반성하는 법이 없어요. "어쩔 수 없었다, 강요 때문에 그랬다, 먹고 살려다 보니 그랬다, 아니 그때 친일 안 한 사람이 어디 있느냐." 이러면서요. 이 사람들은 아마 또다시 일본이 침략을 해도 똑같이 행동할지도 몰라요. 친일을 하고도 벌은 안 받고 외려 독립운동 한 사람보다 잘 먹고 잘살아 왔으니까요.

제2차 세계 대전 당시 5년 동안 히틀러에 점령당했던 프랑스는 해방 뒤 나치 정권에 협력한 프랑스인 수백 명을 처형하고, 수천 명을 종신형에 처하고, 수만 명을 구속했어요. 우리도 그렇게 했더라면 어땠을까요?

해방 뒤 돌아오지 못한 사람들

오늘은 일본에 끌려와 죽도록 일만하다 겨우 살아남은 조선인들이 꿈에 그리던 고향으로 돌아가는 날이에요. 해방되고 일주일이 지났으니 1945년 8월 22일이겠네요. 고국으로 돌아갈 기대에 부푼 수천 명의 조선인들은 일본 해군 수송선 우키시마호에 몸을 싣고 배가 일본 항구를 떠나기만을 기다렸어요.

마침내 검은 연기를 내뿜으며 4천 톤급 수송선이 항구를 출발했어요. 일본 항구를 출발해 부산으로 항해하던 24일 오후, 수송선은 갑자기 항로를 바꿔 교토 인근 항구로 들어갔어요. 사람들은 영문을 모른 채 어리둥절했지요. 잠시 뒤 배는 큰 폭발음과 함께 침몰하기 시작했어요. 배에 타고 있던 수천 명의 조선인들이 배와 함께 바닷속에 잠겼어요. 일본 정부가 조선인 524명이 숨지고 수천 명이 실종됐다고 발표한 우키시마호 침몰 사건이에요.

해방이 되자 우키시마호에 몸을 실었던 사람들처럼 외국에서 살던 수백만 명의 조선인이 고향으로 돌아가기를 원했어요. 하지만 실제 고향 땅을 밟은 조선인은 절반이 채 안 돼요. 그들은 고국에 왜 돌아오지 못한 걸까요?

우키시마호 우키시마호는 1948년 8월 22일 강제 징용 조선인 7천여 명을 태우고 부산으로 향하던 중 폭발과 함께 침몰하고 말았다. 사고의 원인은 아직도 밝혀지지 않았으며 진상 조사조차 이루어지지 않고 있다.

가난과 수탈, 식민지 피해 고국을 떠나

일제에 강제 병합되기 전부터 조선인들은 빈곤으로부터 혹은 탐관오리의 수탈로부터 벗어나기 위해 고국을 등져야 했어요. 그들이 새롭게 둥지를 튼 곳은 두만강 건너 간도 땅. 시인 윤동주와 민주화 운동가이자 목사인 문익환이 어린 시절을 함께 보낸 곳이에요.

일제에 나라를 빼앗긴 뒤로는 더 많은 조선인들이 다양한 이유로 고향을 떠나야 했어요. 일제에 땅을 빼앗긴 사람들, 잃어버린 조국을 되찾겠다며 망명한 독립운동가들은 자기가 살던 곳을 떠나 중국 만주, 소련 연해주, 일본 도쿄와 오사카, 미국 하와이 등으로 갔지요.

나라를 잃은 채 이국땅에서 살아야 했던 삶은 너무나 비참했어요. 1923년 9월. 일본 간토 지역에 대지진이 일어나 수십만 명이 목숨을 잃는 사고가 일어났을 때, 분풀이 대상을 찾던 일본인들은 조선인들이 마을에 불을 지르고 우물에 독약을 탔다며 조선인 6천여 명을 학살했어요! 막노동과 민족 차별에 시달리던 해외 조선인들은 그렇게 고통에 고통을 더하는 비극을 맞았지요.

소련의 연해주에 있던 조선인의 운명도 비참하긴 마찬가지였어요. 1937년 소련은 연해주에 사는 조선인들이 일제의 앞잡이가 될 수 있다며 수천 킬로미터 떨어진 중앙아시아 지역으로 조선인을 강제 이주시켰어요. 고향을 떠나 남의 나라 땅에서 어렵게 살아가던 조선인은 다시 한 번 뿌리가 뽑힌 채 더 먼 곳으로 추방당해야 했지요.

이국에서 학살당하고 강제로 쫓겨난 조선인들

해방 당시 조선인 인구는 약 3천만 명. 이 중 6분의 1에 해당하는 조선인이 중국, 일본, 소련, 하와이에 살았어요. 국외에 있던 조선인 500여만 명은 해방 이후 고국으로 돌아가고 싶었지만 절반도 채 돌아오지 못했어요.

돌아올 여비가 없어 못 돌아온 사람도 있고, 해방 뒤 국내 정치 상황이 너무 혼란스러워서 차마 돌아갈 엄두를 내지 못하는 사람도 있었어요. 그리고 이미 국외에서 생활 터전을 마련해 살고 있던 사람들은 국내로 들어와 새로 생활 기반을 마련하기가 쉽지 않을 것 같아 귀국을 포기했고요.

남느냐 돌아가느냐, 가면 어디로 가느냐에 따라 그들의 운명이 바뀌었어요. 만주에 남은 사람들은 조선족이 되었고, 북한으로 돌아간 사람은 북조선 인민이 되었고, 남한으로 온 사람들은 대한민국 국민이 되었어요.

일본에서 국내로 돌아오지 못한 60만 조선인들은 한국 국적을 취득하기도 하고, 일본에 귀화해 살기도 했어요. 하지만 일부 사람들은 남한이든 북한이든 어느 한쪽을 선택하는 건 분단을 인정하는 것이므로 북조선 인민도 아니고, 대한민국 국민도 아니고, 일본에 귀화하지도 않은 채 '조선적'이라는 이름의 무국적자로 살고 있어요. 그들은 남북이 통일돼 하나의 조국이 되면 비로소 국적을 갖겠다며 일본에서 온갖 차별과 불편을 감수하며 살고 있지요.

해방 뒤 돌아오지 못한 사람들. 고국에 돌아오지 못한 그들에게 해방은 반쪽짜리였을지 몰라요. 그런데 그들이 죽음을 무릅쓰고라도 돌아가고 싶었던 고국, 그 고국에서 몇 년 뒤 벌어진 참극을 생각하면 차라리 귀국하지 못했던 것이 다행일지도 몰라요.

1950년 6월 25일 새벽 4시 40분

깊은 산 오솔길 옆 자그마한 연못에 붕어 두 마리가 살고 있었대요. 어느 여름날 붕어 두 마리가 서로 물어뜯고 싸우다 한 마리가 죽었대요. 죽은 붕어의 살이 썩어 들어가자 물도 따라 썩어 들어가 결국 다른 한 마리도 죽고 말았대요. 남과 북에 각각 정부를 세운 김일성과 이승만은 서로 잡아먹겠다고 으르렁거렸어요. 그러던 어느 여름날 김일성은 결단을 내렸어요. 그건 연못 속의 붕어처럼 멍청한 결정이었지요.

연표

1950년 6월 25일 ▶ 6.25 전쟁
6.25 전쟁이 일어나다

1950년 9월 ▶ 인천 상륙 작전
맥아더의 인천 상륙 작전이 성공하다

1951년 1월 ▶ 1.4 후퇴
중국군의 개입으로 남쪽으로 전선이 다시 내려오다

1953년 7월 27일 ▶ 정전 협정
판문점에서 정전 협정을 맺다

전쟁으로 통일을 이루겠다는 잘못된 생각

남북이 분단된 건 우리 잘못이 아니에요. 우리 의지와 상관없이 미국과 소련이 자기들 마음대로 한반도를 갈라놓았으니까요. 하지만 해방 뒤 분단을 극복하지 못한 건 우리의 잘못이에요. 따로따로 정부를 세운 남과 북은 분단을 극복하기 위해 어떻게 했을까요?

북한 김일성은 고르디우스의 매듭처럼 복잡하고 단단한 분단 문제를 단칼에 끊겠다며 전쟁을 일으켰어요. 그것이 과연 옳은 결정이었는지는 조금 뒤 밝혀질 거예요.

1950년 6월 25일 새벽 4시 40분. 소련제 탱크를 앞세우고 38선을 넘은 북한군은 불과 사흘 만에 서울을 점령했어요. 남한 대 북한 스코어는 0대 1.

서울을 점령한 북한군 1950년 6월 28일 탱크를 이끌고 북한군이 서울 시내로 들어왔다.

　이승만은 전쟁이 나기 전 매일매일 북진 통일을 주장하며 전쟁이 일어나면 곧바로 북한으로 진격해 압록강까지 밀고 올라갈 거라고 호언장담했어요. 그런데 막상 전쟁이 터지자 다음 날 새벽 몰래 혼자 서울을 빠져나갔어요. 그러고선 라디오 방송을 통해 "우리의 용맹한 국군이 북한군을 물리치고 있으니 서울 시민들은 안심하고 생업에 전념하라."라고 말했어요.

　대통령 말을 믿고 서울에 남았던 사람들은 전쟁 3일째 되던 날 새벽 청천벽력 같은 일을 당했어요. 이승만 정부가 한강을 건널 수 있는 유일한 다리를 폭파시켜 버린 거예요. 그 때문에 다리를 건너던 수백 명이 목숨을 잃었고, 다리가 끊긴 서울 시민들은 고스란히 북한군 점령 하에 놓이게 됐어요.

전쟁 3일 만에 서울 점령당해

서울을 떠난 이승만은 대전과 대구를 지나 부산까지 내려갔어요. 낙동강 전선이 무너지면 대한민국이 지도에서 지워질 위기의 순간, 유엔군 사령관 맥아더가 인천 상륙 작전을 감행해 서울을 되찾았어요. 서울을 되찾은 날이 9월 28일. 이를 서울 수복이라고 해요. 한국군과 유엔군은 여세를 몰아 38선을 뚫고 압록강 턱 밑까지 진격했어요. 스코어는 1대 1.

한국군과 유엔군이 압록강 아래까지 밀고 올라가자 위기를 느낀 중국은 북한군을 돕기 위해 대규모의 군대를 한반도에 파견했어요. 그때 파견된 중국군이 100만 명이라고도 하고, 수십만 명이라고도 하는데, 정확한 숫자는 알 수 없지만 어쨌든 굉장히 많았던 건 분명해요. 중국군이 얼마나 많았으면 중국군의 전술이 바다처럼 밀고 내려오는 것 같다며 인해 전술이라 불렀을 정도예요.

중국군에 밀린 유엔군은 흥남 철수 작전을 펼쳤고, 서울 주민들은 다시 보따리 싸서 피난길에 올랐어요. 중국군의 반격으로 인한 남한의 실점으로 스코어는 1대2.

전열을 가다듬은 한국군과 유엔군은 다시 반격을 시도해 북한군을 38선 이북으로 밀어붙였어요. 남과 북은 원래 38선이 있던 그 비슷한 지점에서 대치하게 되었어요. 그때가 대략 전쟁이 일어난 지 1년이 지날 무렵이었으니 1년 동안 밀고 밀리면서 겨우 제자리걸음을

> **유엔군 사령관 맥아더**
> 맥아더는 미군으로 일본에 머무는 연합군 최고 사령관이었다. 6.25 전쟁이 일어나자 미국의 지시를 받아 유엔군을 이끌고 인천 상륙 작전을 펼쳤다. 인천 상륙 작전으로 남한은 전세를 역전했다.

한 셈이지요. 어쨌든지 한국군과 유엔군의 반격으로 남한 대 북한의 최종 스코어는 2대 2.

인천 상륙 작전 1950년 9월 15일 인천에 상륙한 유엔군 기지. 인천 상륙 작전을 계기로 한국군은 서울을 되찾았다.

다시 38선, 승패 없이 정전 회담 시작

　승패를 가리지 못한 상태에서 정전 회담이 시작됐어요. 이 회담에서 북한군과 유엔군은 휴전선 위치를 어디로 정하느냐 하는 문제와, 포로를 무조건 돌려보내느냐, 아니면 포로 본인의 의사에 맡기느냐 하는 문제를 놓고 실랑이를 벌였어요.

　정전 회담이 진행되는 중에도 전투는 계속됐어요. 휴전이 되기 전에 한 뼘의 땅이라도 더 차지하기 위해 더욱더 격렬하게 부딪쳤어요. 전선에서 싸우다 죽어 간 군인들의 고통이야 말할 것도 없겠지만, 한국군과 북한군이 톱질하듯 위로 아래로 밀고 밀리는 바람에 남북한 주민들도 큰 고통을 당했어요.

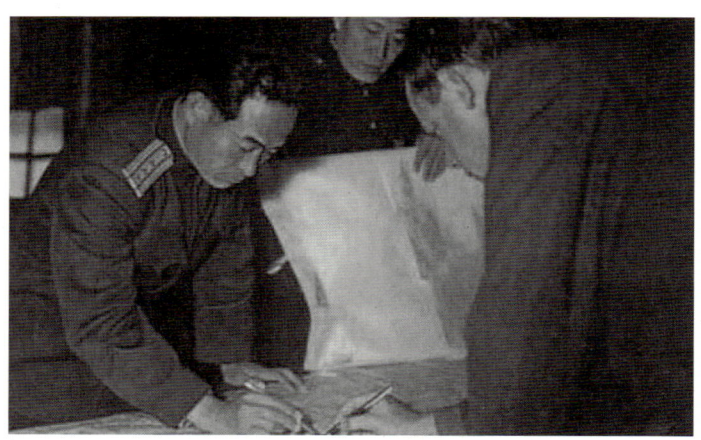

휴전선 논의 1951년 11월 27일 판문점에서 유엔군 대표 제임스 머레이(오른쪽)와 북한군 대표 장춘산(왼쪽)이 휴전선을 논의하고 있다.

　북한군이 점령한 지역의 지주와 경찰 가족들은 북한군에게 처형을 당하고, 그러다 한국군이 북한군을 몰아내고 다시 마을을 차지하면 그땐 반대로 북한군에게 협력했던 사람들이 빨갱이로 몰려 처절하게 복수를 당했지요.

　혹시 거창 양민 학살에 대해 들어 보았나요? 거창 양

양민 학살
선량한 백성을 가혹하게 마구 죽임.

거창 양민 학살 사건 1951년 2월 경남 거창군에서 일어난 민간인 학살 사건이다. 한국군은 공비를 소탕하겠다는 명목으로 주민 500여 명을 총살했다.

민 학살은 경상남도 거창 주민들을 빨갱이로 몰아 학살한 사건인데, 북한군과 한국군이 밀고 밀리는 와중에 벌어진 대표적인 양민 학살 사건이에요. 6.25 전쟁 중에 거창 양민 학살처럼 죄 없는 양민이 '빨갱이'로 몰려 죽는 일이 많이 일어났어요.

 북한 지역에서도 민간인 학살이 일어났어요. 한국군과 유엔군이 38선을 넘어 북한을 점령했을 때 황해도 신천에서 비극적인 학살이 벌어졌어요. 이 사건은 해방 이후 지속된 좌우 대립이 전쟁 중에 민간인 대량 학살로 터져 나온 것이지만, 학살을 한 쪽이 누구인지는 명확히 밝혀져 있지 않아요. 북한군이 그랬건, 한국군이 그랬건, 기독교를 믿는 사람과 좌익의 충돌로 그랬건, 분명한 건, 어느 민간인 학살보다 끔찍했고, 많은 민간인이 죽었다는 사실이에요.

분단의 벽을 더 단단하게 만든 전쟁

2년 넘게 지지부진하게 이어지던 정전 회담이 마침내 마무리 되었을 때, 남과 북에 남겨진 건 아무것도 없었어요. 공장이며, 집, 학교, 병원이 무너지고, 한국군, 북한군, 유엔군, 중국군, 남한 사람, 북한 사람 수백만 명이 죽고, 또 그만큼의 사람들이 행방불명되었고, 1천만 명이 넘는 사람들이 가족과 헤어졌어요.

고르디우스의 매듭이라는 말에는 매우 복잡한 문제 그리고 과감한 결단이라는 두 가지 뜻 외에 숨겨진 의미가 하나 더 있어요. 바로 복잡한 문제를 무 자르듯 단칼에 끊어서는 그 문제를 결코 해결할 수 없다는 경고예요. 주머니 속에서 얽혀 버린 이어폰 줄을 풀기 힘들다고 단칼에 자른다고 생각해 보세요. 참 바보 같은 일이 아닐 수 없지요.

김일성은 분단 문제를 단칼에 끊어 보려 했지만 문제를 해결하는 데 전혀 도움이 되지 못했어요. 외려 분단 문제를 더 복잡하고 단단하게 만들어 버렸어요. 그 덕에 남과 북은 철천지원수가 되었고, 지금도 분단 문제를 풀어 나가는 데 무진 애를 먹고 있지요.

6.25 전쟁은 우리 민족이 겪은 가장 큰 비극이에요. 승자도 패자도 없는 모두가 패자인 전쟁. 하지만 6.25 전쟁은 한 가지 소중한 교훈을 남겼어요. 다시는 전쟁을 통해 분단 문제를 해결하려 해서는 안 된다는 것, 조금 더디더라도 평화적인 방법으로 분단을 극복해야 한다는 교훈이에요.

여기는 피난지, 그래도 삶은 계속된다

'그래도 삶은 계속된다.'라는 말을 들어 본 적 있나요? 북아메리카 원주민들의 지혜를 담은 책 제목에서 따온 말인데, 6.25 전쟁 중 피난지에서 자식들 먹여 살리기 위해 어금니를 꽉 깨물고, 행주치마로 눈물을 찍어 내며 우리의 할아버지, 할머니들이 마음속에 되새긴 말이기도 해요. 고향을 떠나 피난길에 오른 모든 사람들이 아마 그런 마음으로 하루하루를 버텨 냈을 거예요.

한국군과 유엔군이 압록강 턱밑까지 북진하자 중국군이 북한군을 돕기 위해 100만 대군을 파견했다는 걸 기억하나요? 그때 중국군에

한겨울 피난 행렬 1950년 1월 8일 강릉 외곽의 피난 행렬이다. 한겨울 피난 행렬은 두려움과 배고픔에 추위까지 더해 더욱 괴로웠다.

밀린 유엔군이 철수 작전을 펴면서 본격적인 피난이 시작됐어요. 크리스마스이브에 펼쳐진 흥남 철수 작전이지요.

중국군이 밀고 내려온다는 소식에 서울 사람들도 피난길에 올랐어요. 그날이 1951년 1월 4일이어서 1.4 후퇴라고 불러요. 엄동설한 추운 날 어린 애를 둘러업고 떠나는 피난길이 얼마나 고역이었을까요. 그런데도 사람들은 서울을 떠나 남으로, 남으로 걸음을 재촉했어요. 북한군과 중국군이 들어와 해를 당할까 하는 염려 때문이기도 했고, 작년 여름 이승만 정부가 한강대교를 폭파하는 바람에 꼼짝없이 서울에 갇혔다가, 북한군이 물러난 다음 북한군에 협력했다며 끌려가 죽은 사람이 많아서, 이번에는 기를 쓰고 서울을 탈출하려고 한 거예요.

흥남 철수 작전 중국군의 개입으로 전세가 불리해지자 북쪽에 있던 한국군과 유엔군을 철수시키기 위해 1950년 12월에 펼쳐진 작전이다. 흥남에서 거제까지 사람들을 운송한 배는 메러디스 빅토리호로 16시간에 걸쳐 1만 4천여 명을 태우고 남쪽으로 내려왔다. 2004년에 메러디스 빅토리호는 역사상 가장 많은 생명을 구한 배로 기네스북에 등재되었다.

피난지 부산은 만원

대한민국 정부가 옮겨 간 부산. 전쟁 전 부산은 인구 50만의 항구 도시였어요. 그런데 흥남 부두에서 배를 타고 피난 온 사람들과 서울과 중부 지방에서 피난 온 사람들이 몰려들면서 갑자기 도시가 만원이 되었어요.

평시든 전쟁 중이든 가장 큰 문제는 먹고 자는 것이에요. 피난민들은 부산의 공장, 창고 같은 곳에 수용돼 피난살이를 했어요. 그나마 수용소에 들어가면 다행이고, 못 들어간 사람들은 각자 알아서 살아남아야 했어요. 이들은 용두산 아래, 부둣가, 영도 바닷가, 초량동 등

피난민촌 1950년 9월 김해 피난민촌이다. 급한 대로 지은 천막집에서도 삶은 계속되었다.

에 판잣집이나 천막집을 짓고 살았어요. 겨울이 되면 바닷바람이 불어 추위에 시달리고, 식수와 화장실이 부족해 난리를 겪었어요.

믿기 어렵겠지만, 이 와중에도 정부는 이승만이 머무는 관사 앞에 있는 판잣집을 철거하기도 했다고 해요. 대통령이 보기 싫어한다는 이유로요. 그래도 어떡해요, 열심히 살아야지요. 산 입에 거미줄 칠 순 없잖아요. 피난민들은 먹고 살기 위해 부두에서 짐을 싣고 내리는 하역 일을 하고, 미군 부대에 들어가 막노동을 하며 생계를 이어 갔어요. 어떤 사람들은 국제 시장에 나가 좌판을 벌여 놓고 피난 올 때 가져온 반지와 미군이 구호 식량으로 나눠 준 음식과 옷 그리고 미군 부대에서 빼돌린 물건들을 팔았어요. 그때 미제 물건을 팔던 국제 시장이 지금은 부산의 명물이 됐지요.

어린이들이라고 놀고먹을 수 있는 형편이 아니었어요. 집에서 동생을 돌보고, 산으로 들로 땔감을 구하러 다니고, 구두 통을 둘러매고 거리로 나가 구두닦이로 돈을 벌었어요.

전쟁 중에도 높은 교육열

전쟁 중에도 공부는 계속했어요. 계속한 것을 넘어 전쟁 전보다 교육열이 더 높아졌어요. 예전에 바가지 머리를 한 어린 아이들이 콩나물시루 같은 교실에서 선생님 말씀에 귀를 쫑긋 세우고 손을 들며 '저요, 저요!' 하는 사진을 본 적이 있어요. 그 사진을 보면 전쟁 중에도 배우고자 하는 마음이 얼마나 컸는지 짐작할 수 있어요.

변변한 교실이 없어 천막으로 임시 교실을 만들고, 교과서 하나를 몇 명이 돌려 보면서도 전쟁 중 아이들은 열심히 공부했어요. 이렇게 열심히 공부를 한 이유가 있어요. 우리 민족이 교육열이 높아서이기도 하지만 전쟁이 나도 대학생은 군대에 끌려가지 않고, 많이 배워 높은 위치에 있는 공무원은 피난지에서도 떵떵거리며 잘사는 걸 본 사람들이 기를 쓰고 자식들을 공부시켰기 때문이에요. 어쩌면 이런 교육열 덕분에 우리가 전쟁의 상처를 딛고 다시 일어설 수 있었는지도 몰라요.

4
민주주의의 시련과 경제 발전

전쟁 끝 이제는 재건!

마침내 전쟁이 끝났어요. 하지만 너무 좋아할 것 없어요.
전쟁 직후 대한민국은 지구에서 가장 가난한 나라 중 하나였으니까요.
사람들은 어떻게 살아가야 할지 막막했어요. 그때 가장 큰 도움이
돼 준 건 미국의 원조였어요. 원조는 물질적으로
도움을 주는 거예요. 그다음은 이 땅의 여성들이었지요.
대한민국의 여성들이 팔을 걷어붙이고 생활 전선에 뛰어든 덕분에
대한민국은 다시 일어설 수 있었어요.

전쟁 후 한국을 일으킨 삼백 산업
삼백이란 하얀 물건 세 가지라는 뜻으로 밀가루, 면화, 설탕을 말한다. 1948년 10월 미국과
한국은 원조 협정을 맺고 밀가루, 면화, 설탕 등 미국의 잉여 농산물을 원조받았다.
정부는 미국에서 들여온 원료를 바탕으로 한 삼백 산업을 발전시켰고, 이 과정에서
특정 기업에 이익을 몰아주었다. 이는 대한민국에만 있는 특별한 기업 구조인 재벌을 만들었고,
정치권과 재벌이 손을 잡는 정경 유착이 탄생하는 배경이 되었다.

생계를 책임진 여성들
일제 강점기와 6.25 전쟁을 거치면서 경제 활동을 할 수 있는 사람의 수가 급격히 줄었다.
강제 징용되거나 전쟁에서 죽거나 다친 남성들을 대신해 여성들이 경제 활동에 적극 참여했다.
여성들은 주로 보따리 장사를 하거나 시장에서 좌판을 꾸렸다.

미국의 원조를 받는 세계 최빈국

미국은 전쟁 전 이미 우리와 원조 계약을 맺고 도와주고 있었어요. 전쟁 전부터 시작된 미국의 원조는 전쟁 중에도, 전쟁이 끝난 뒤에도 이어졌어요. 미국이 보내 준 농산물, 의복, 의약품 덕분에 전쟁으로 모든 것을 잃은 대한민국은 살아갈 희망을 얻을 수 있었지요.

하지만 원조 물자의 중심이었던 밀은 미국이 남아도는 잉여˙농산물을 처리하기 위해 보내 주었다고 해요. 원조 물자 덕분에 우리 국민들은 허기를 면할 수 있었지만,

잉여
쓰고 난 다음 남은 것. 나머지.

구호품을 받는 아이들 미군에게 구호품을 받는 아이들 모습이다. 먹을 것, 입을 것이 모두 부족했던 시절 구호품은 사람들에게 큰 힘이 되었다.

한편으론 농산물 가격이 떨어져 우리 농촌 경제가 큰 타격을 입었어요. 게다가 이승만 정부는 원조 물자를 팔아 마련한 돈의 일부를 미국의 무기를 사는 데 썼다고 하니, 미국은 원조 물자로 생색내고 무기를 팔아 돈을 버는 전혀 밑질 게 없는 장사였지요. 그렇다고 해도 전쟁 직후 미국의 원조 물자가 없었다면 우리는 더 오랫동안 가난에서 벗어나기 어려웠을 거예요.

원조 물자로 혜택을 본 건 기업도 마찬가지예요. 미국은 한국에 밀과 원면과 설탕을 만드는 재료인 원당을 원조해 주었어요. 우리 기업들은 이것으로 밀가루와 면직물과 설탕을 만들어 팔았어요. 이 세 가지 제품은 색깔이 모두 하얗다고 해서 이 제품을 만드는 산업을 삼백(三白) 산업이라고 불렀어요. 기업들은 삼백 산업을 통해 막대한 이윤을 남겼어요.

기업들이 큰돈을 벌 수 있었던 건 이승만 정부가 특정 기업에 각종 혜택을 준 덕분이기도 해요. 전쟁 전 이승만 정부는 일본이 남기고 간 공장을 특정 기업에 헐값에 넘겼어요. 또 미국으로부터 받은 원조 물자를 싼값에 기업에 팔고, 낮은 이자로 기업에게 돈을 빌려주었어요. 원조 물자 몰아주기와 금융 혜택을 받은 기업은 땅 짚고 헤엄치듯 쉽게 이익을 남겨 재벌이 됐어요.

재벌은 일가친척이 이끌어 가는 대기업 집단을 일컫는 말이에요. 일본이나 독일에도 이와 비슷한 기업이 있지만 지금은 대한민국에만 존재하는 기업 형태가 됐지요. 재벌은 영어에 딱 맞는 단어가 없어서 그냥 소리 나는 대로 재벌(Chaebol)이라고 표기해요.

기업에 혜택 주고 돈 받고, 끈끈한 정경 유착

재벌은 이승만 정부와 공생 관계 속에서 탄생하고 성장했어요. 세상에 공짜는 없는 법. 이승만 정부는 재벌에 원조 물자와 금융 특혜를 주는 대신 재벌로부터 정치 자금을 받았어요. 이처럼 정치권과 기업이 결탁해 서로 이익을 챙겨 주는 걸 정경 유착이라고 해요.

이승만 정부 때 시작된 정경 유착은 박정희 정부 때 더욱 심해져 정치와 경제 발전을 방해했어요. 정경 유착의 잘못된 폐해를 가장 잘 보여 주는 사례가 있어요.

해방 전 무역 회사를 세운 모 기업은 전쟁 뒤 미국이 준 원조 물자와 원조 자금을 이승만 정부로부터 독점으로 싸게 받아 막대한 이윤

을 남겼어요. 그러다가 박정희가 군사 정변을 일으킨 뒤 불법적으로 기업을 운영한 대기업 회장 10여 명을 구속하면서 위기에 처했어요.

일본에 머물고 있던 모 기업 회장은 자신도 구속될까 봐 걱정이었어요. 그런데 웬일인지 그를 만난 박정희는 벌을 주는 대신 함께 경제 발전에 나서자는 말로 죄를 용서해 주었어요. 그러면서 그 기업이 거느린 제당 회사, 모직 회사 등에 각종 혜택을 주었지요. 선거를 앞둔 박정희는 정치 자금이 필요했고, 이 기업 회장은 정치 자금을 주는 대신 면죄받은 거예요.

끈끈한 두 사람의 관계는 일본으로부터 사카린을 밀수하는 범죄를 공모하는 데까지 이르렀어요. 사카린은 설탕 대신 단맛을 내는 원료인데, 두 사람이 공모해 불법적으로 들여온 거예요. 소위 '모 기업 사카린 밀수 사건'인데, 이러한 불법적인 정경 유착은 대를 이었어요. 그 기업 회장이 죽고 그의 아들이 기업을 물려받은 뒤에도 정경 유착이 계속됐거든요. 어때요? 정경 유착의 뿌리가 참 깊고도 단단하지요?

전후 복구, 수출 증가에 큰 몫을 한 여성들

전쟁으로 무너진 경제를 복구하는 데 누구 못지않게 큰 역할을 한 건 여성들이에요. 전쟁이 끝나자 우리나라에는 남편을 잃은 아내, 자식을 잃은 어머니, 아버지를 잃은 딸들이 넘쳐 났어요. 이들은 남성들을 대신해 생활 전선에 뛰어들었어요.

정부는 전쟁 중에 여성들에게 공공 기관에 취업을 하도록 독려했어요. 그 결과 많은 여성들이 초등학교 교사로, 우체국 직원으로 취직했어요. 농촌에서는 전쟁터에 끌려간 남성들이 많아서 여성들이 농사를 지었고요.

공장에도 여성들이 몰려들었어요. 초등학교를 갓 졸업한 어린 소녀부터 스무 살 처녀에 이르기까지 가난한 농촌 여성들이 가족 부양과 생계 유지를 위해 공장에서 일을 했어요. 가난한 도시 여성들은 삯바느질, 남의 집 식모살이에 나섰고요.

생계를 책임지는 여성들 생계를 위해 경제 활동을 하는 여성들이다. 마땅한 수완이 없었던 여성들은 삯바느질을 하거나 물건을 팔아 생계를 꾸렸다.

이처럼 여성들이 경제 활동에 적극적으로 나선 건 비단 전쟁 뒤만이 아니에요. 산업화 시대로 불리는 박정희 정부 시절에도 시골에서 올라온 나이 어린 여성들이 가발 공장, 옷 공장, 인형 공장에서 하루 열네 시간씩 일하며 수출 증대에 큰 역할을 했어요. 이들이 얼마나 힘들게 일했고 어떤 대우를 받았는지는 잠시 뒤 자세히 이야기할게요.

여성들이 가장 활발하게 경제 활동에 나선 분야는 장사예요. 여성들은 내다 팔 수 있는 건 모조리 들고 나와 좌판에서 물건을 팔았어요. 귀금속부터 야채, 생선, 미군 부대에서 흘러나온 물건들까지, 좌판이건 상설 시장이건 가리지 않고 장사를 했어요. 밑천이 좀 있는 여성들은 양품점, 화장품 가게, 포목점 등을 열었고요. 다방, 음식점, 미용실 같은 서비스 분야에서도 많은 여성들이 종업원으로, 사장으로 일했어요. 생활 전선에 뛰어든 여성들은 전쟁으로 무너진 경제를 살리는 데 큰 힘이 됐어요.

16日 새벽, 軍 쿠데타 發生

1961년 5월 16일

4.19 혁명과 5.16 군사 정변

박정희의 역사는 1961년 5월 16일 이전과 이후로 나뉘어요.
그전까지 그는 역사적인 인물이 아니었어요. 일본 군인이 되어
독립군을 토벌하고, 해방 후 군에서 좌익 활동을 하다가 사형 선고를 받은 뒤
동지들을 배반하고 살아남은 게 뭐 그리 역사적인 일이겠어요.
하지만 1961년 5월 16일 군사 정변을 일으킨 뒤 선글라스를 쓰고
시청 앞에 나타났을 때 박정희는 역사가 되었어요.
그는 왜 군사 정변을 일으킨 걸까요?

연표

1960년 3월 15일 ▶ 3.15 부정 선거
이승만과 자유당이 부정 선거를 저지르다

1960년 4월 11일 ▶ 김주열 시신 발견
마산 앞바다에서 최루탄이 얼굴에 박힌 김주열의 시신이 떠오르다

1960년 4월 19일 ▶ 4.19 혁명
이승만의 하야를 요구하는 시위가 전국으로 번지다

1960년 4월 26일 ▶ 이승만 하야
이승만이 대통령에서 물러나겠다고 발표하다

1961년 5월 16일 ▶ 5.16 군사 정변
박정희가 5.16 군사 정변을 일으키다

마산 앞바다에 떠오른 시신 한 구

김주열 1944~1960
마산상고 1학년에 재학 중이던 김주열은 4.19 혁명이 일어나는 데 결정적인 역할을 했다.

1960년 4월 11일 오전 11시 20분 무렵. 마산 중앙 부두 앞바다에 정체불명의 물체가 물 위에 떠올랐어요. 낚시꾼이 건져 올린 물체는 왼쪽 눈에 최루탄이 박힌 시신이었어요. 병원으로 옮겨진 시신의 주인공은 행방불명된 고등학생 김주열. 김주열은 왜 그토록 처참한 모습으로 세상에 드러난 걸까요?

그해 3월 15일 대통령과 부통령을 뽑는 정부통령 선거가 치러졌어요. 대통령에 출마한 야당 인사가 치료 중 죽는 바람에 이승만은 무난히 대통령에 당선될 예정이었어요. 문제는 부통령이었어요. 집권 여당인 자유당 후보로 이기붕이, 야당 후보로 장면이 나섰는데, 아무래도 야당 후보가 될 것 같았거든요. 그렇게 되면 나이가 85세인 이승만이 갑자기 무슨 변이라도 생길 경우 야당인 민주당 부통령이 권력을 차지하게 되잖아요. 이승만과 자유당에겐 상상하기도 싫은 일이었지요.

그래서 이승만과 자유당은 부통령에 여당 후보를 당선시키기 위해 작전을 짰어요. 투표 시작 전 미리 여당 후보에게 투표해서 투표함에 넣기, 3인 혹은 9인이 조를 지어 여당 후보에게 투표하기, 투표장에서 야당 참관인 몰아내기 등등, 온갖 방법으로 부정을 저질렀어요. 결과는 대통령에 이승만, 부통령에 이기붕 당선.

그날 오전 마산에선 일찌감치 선거 무효를 주장하며 시민과 학생

3.15 부정 선거를 보도한 동아일보 1960년 3월 15일 자유당의 부정 선거를 보도한 동아일보 1면이다. 가장 위에 '일찌기 없던 공포분위기', 오른쪽 가장 끝에 '삼인조투표감행?'이라는 기사 제목이 보인다.

1960년 3월 선거 포스터 1960년 3월 15일에 치러진 정부통령 선거 벽보다. 자유당은 포스터에 '이번에는 속지 말고 바로 뽑자 부통령'이라는 문구를 쓸 만큼 부통령 선거에 무척 신경 썼다.

들이 부정 선거 규탄 시위를 벌였어요. 그 시위대 속에 고등학생 김주열도 끼어 있었어요. 그날 밤 김주열은 집에 돌아오지 못했어요. 그가 돌아온 건 한 달 가까운 시간이 지난 4월 11일 마산 앞바다였지요. 김주열의 죽음이 알려진 뒤 부정 선거를 꾸민 이승만 정부에 대한 규탄 시위가 전국으로 번졌어요.

전국으로 번진 부정 선거 규탄 시위

이승만 정부는 공산당 빨갱이들이 시위를 부추기는 거라며 시민들에게 총을 쏘며 시위를 진압했어요. 그러던 4월 18일, 고려대학교 학생 수천 명이 학교를 출발, 태평로의 국회의사당까지 행진하며 시위를 벌였어요. 학생들은 시위를 마치고 학교로 돌아가던 중 청계천 4가 골목에서 반공청년당 소속 깡패들에게 습격을 당했어요. 깡패에게 맞아 처참히 쓰러진 학생들의 모습이 다음 날인 4월 19일 조간신문에 실리자 세상은 발칵 뒤집혔어요.

서울의 여러 대학교 학생들이 광화문으로 몰려나오고, 고등학생들이 뒤따랐어요. 학생과 시민들은 "이승만 물러가라!", "부정 선거 다

4.19 혁명 시위대 시민들이 거리 시위를 하고 있는 모습이다. 4.19 혁명 시위에는 학생을 비롯하여 대학교수, 노인과 어린이까지 참여했다.

시 하라!"며 오늘날 청와대인 경무대로 몰려갔어요. 최후 저지선을 지키던 경찰은 시위대와의 거리가 십여 미터로 좁혀지자 총을 쏘기 시작했어요.

경무대 앞은 공포와 분노가 뒤섞여 큰 혼란이 일었어요. 그날 이후 경찰이 쏜 총에 맞아 학생과 시민 180여 명이 목숨을 잃었지요. 그러나 이승만 정부는 여전히 시위대 뒤에 공산당이 있다며 시위하는 시민들을 모함했어요.

며칠 뒤 서울 시내 대학교수들은 "학생들의 피에 보답하자!"며 시위를 벌였어요. 며칠 전 시위 도중 총에 맞아 죽은 친구의 죽음에 화가 난 수송초등학교 학생 수백 명도 시위를 벌였고요. 끝까지 버티던 이승만은 4월 26일 미국 대사와 장관 그리고 계엄사령관의 말을 듣

수송초등학교 학생들 수송초등학교 학생들의 시위 모습이다. 현수막에는 '부모 형제들에게 총부리를 대지 말라!'라고 쓰여 있다.

이승만 하야 기사 4.19 혁명이 일어난 지 7일 만에 이승만은 대통령 자리에서 물러나고 하와이로 망명하겠다고 발표했다. 기사 사진은 하와이행 비행기에 오르는 이승만 모습이다.

고 마침내 대통령에서 물러나겠다고 발표했어요.

초대 대통령에 한해 대통령 선거에 무한 도전할 수 있도록 법을 고쳤고, 이후 치러진 모든 선거에서 일관되게 부정을 저질렀으며, 조선 시대 왕처럼 죽을 때까지 대통령 자리를 지키려 했던 이승만은 국민들의 힘에 의해 물러나고 말았어요. 이승만 정부를 무너뜨린 일은 동학 농민들이 일본과 관군의 총칼에 쓰러지고, 학생과 민중이 탑골 공원에서 만세를 부르다 일제의 총칼에 쓰러진 이래, 민중의 힘으로 살아 있는 권력을 끌어내린 최초의 사건이었어요.

4.19 혁명을 군홧발로 짓밟은 군인들

이승만이 하야한 이후 내각 책임제로 헌법이 바뀌었어요. 그 헌법에 따라 치러진 선거에서 야당이던 민주당이 승리해 대통령에 윤보선, 총리에 장면이 선출됐어요. 내각 책임제에선 총리가 장관을 임명해 내각을 꾸리는데, 그때 꾸려진 정부를 장면 정부라고 불러요.

장면 정부가 들어서자 학생과 노동자, 교사, 교수 등등 각계각층에서 민주화 요구가 봇물처럼 터져 나왔어요. 시민들은 그동안 쌓인 이승만과 자유당의 적폐를 청산하라고 외쳤어요. 시민과 학생들은 통일에도 큰 관심을 보였어요. 학생들은 가자 북으로, 오라 남으로, 이러면서 북한과 대화를 하자고 요구했어요.

하지만 장면 정부와 민주당은 국민들의 민주화 요구를 온전히 들어주지 못했어요. 민주당은 계파 싸움에 몰두했고, 장면 정부는 부패한 정치인과 기업가를 처벌하는 데 뜨뜻미지근한 태도를 취했거든요. 그래서 시민들은 더 격렬하게 시위를 벌였고, 사회는 혼란스러워 보였지요. 그렇다고 군인들이 나서서 바로잡아야 할 만큼 나라가 잘못 굴러가진 않았어요.

내각 책임제
의원 내각제라고도 한다. 국회에서 절반 이상의 지지를 얻은 대표가 총리가 되어 내각을 책임진다. 18세기 초에 영국에서 처음 성립되었으며, 다수당을 중심으로 행정부가 만들어지기 때문에 국민은 국회를 통하여 정부를 감시할 수 있다.

적폐
오랫동안 쌓인 폐단.

5월 16일 새벽 3시

4.19 혁명이 일어난 지 1년이 지난 어느 날 새벽. 공수 부대와 해병대 군인 수천 명이 한강 인도교를 건넜어요. 그 군인들은 막아서는 경비병들을 가볍게 제압하고 육군 본부와 중앙청과 방송국을 장악했지요. 박정희 소장을 중심으로 한 군인들이 5.16 군사 정변을 일으킨 거예요!

서울로 들어오는 군인들 1961년 5월 16일 새벽. 군인들이 탱크를 앞세워 서울 시내로 들어오고 있다. 탱크와 무장한 군인 옆쪽으로 평범한 시민들이 보인다.

군사 정변을 일으킨 세력은 그날 아침 혁명 공약을 발표했어요. 그들은 먼저 반공을 국시로 삼고, 반공 태세를 강화한다고 말했어요. 여기서 국시는 안동국시처럼 먹는 국시가 아니고, 나라의 기본 정책이나 이념을 뜻하는 말이에요. 단군의 홍익인간처럼요. 그들은 부패와 오래된 악을 없애고, 사회주의 국가인 북한보다 경제를 더 발전시키겠다고 말했어요.

아닌 밤중에 홍두깨처럼 난데없이 군인들이 탱크를 몰고 서울 시내에 나타나자 시민들은 불안해하면서도 그들이 내세운 공약을 지켜보자는 쪽으로 마음을 먹었어요. 심지어 나중에 박정희와 최고 라이벌이 되는 한국광복군 출신 장준하도 5.16 군사 정변을 보고 지지를 보낼 정도였어요.

하지만 결론부터 말하면 그날의 군사 정변은 우리 역사에 너무 아픈 상처를 남기게 되는 시발점이었어요. 군사 정변 이후 박정희 군사 정권이 들어와서 민주주의와 인권을 탄압하고, 그를 뒤이어 전두환, 노태우로 이어지는 군사 독재 시대를 맞았거든요.

5.16 군사 정변의 주역들 1961년 5월 16일 군사 정변을 일으킨 군인들이다. 가운데 박정희가 서 있다.

군사 정변으로 역사 무대에 등장한 박정희

군사 정변을 일으킨 박정희와 군부는 국가의 혼란을 바로잡기 위해 군인들이 나설 수밖에 없었다고 주장했어요. 나라가 안정되면 정치인들에게 정치를 넘기고 자기들은 군인 본연의 자리로 돌아가겠다고 말했어요. 하지만 리더였던 박정희는 정치인에게 정권을 이양한다는 약속을 어기고, 자기가 군복을 벗은 뒤 대통령 선거에 나가 5대 대통령이 되었어요. 군인 신분이 아니라 민간인이 되어 대통령에 출마했으니 약속을 지킨 거라고 봐야 할까요?

어쨌든 박정희는 권력을 잡은 1961년부터 부하의 총에 맞아 역사의 무대에서 사라진 1979년까지 근 20년 동안 역사의 주인공이었어요. 어쩌면 1170년 고려 무신 정변 이후 가장 주목받는 군인 출신의 통치자였는지 몰라요. 조선을 건국한 고려 말의 신흥 무장 이성계보다야 못하겠지만요.

그는 우리 역사에서 가장 극단적인 평가를 받는 인물이에요. 어떤 사람들은 그를 신처럼 떠받들고요, 어떤 사람들은 독립군 때려잡

박정희 대장 예편 박정희 대장이 예편하는 모습이다. 예편은 군인에서 민간인으로 신분을 바꾸는 것이다. 박정희는 나라가 안정이 되면 원래 자리로 돌아가겠다고 했지만 결국은 본인이 직접 대통령이 되기 위해 대장에서 예편했다.

던 일본군 출신의 친일파라고 비판해요. 어떤 사람들은 가난을 몰아내고 한강의 기적을 이끈 민족의 영웅이라 칭송하는 반면, 어떤 사람들은 자신의 권력을 유지하기 위해 자유와 인권을 철저하게 깔아뭉갠 최악의 독재자라고 비난해요. 어떤 게 진짜 그의 모습일까요? 올바른 판단을 위해서라도 다음 장에 귀를 기울여 보아요.

한강의 기적이 일어나다

전쟁 직후 세계에서 가장 가난한 나라 중 하나였던 대한민국이
어떻게 한강의 기적이라는 경제 성장을 이뤄 냈을까요? 군사 작전 벌이듯
경제 개발을 지휘한 박정희의 힘이 컸지요. 하지만 경제 발전이
어디 한 사람의 힘만으로 되나요. 베트남 전쟁에서 피 흘리며 달러를
벌어들인 군인들, 독일 탄광에서 일한 광부와 병원에서 일한 간호사들
그리고 공장에서 열심히 땀 흘려 일한 언니 오빠, 삼촌,
아버지들이 있어 가능했던 거지요.

연표

1962년 ▶ 경제 개발 계획
제1차 경제 개발 계획이 시작되다

1964년 ▶ 베트남 파병
한국군을 미국과 베트남의 전쟁에 보내다

1963년 ▶ 광부 파독
독일에 광부를 파견하다

1965년 ▶ 간호사 파독
독일에 간호사를 파견하다

1965년 6월 ▶ 한일 협정 체결
박정희 정부가 일본과 한일 협정을 맺고 국교를 정상화하다

1970년 11월 ▶ 전태일 분신
청년 노동자 전태일이 숨지다

한일 국교 정상화와 베트남 전쟁으로 종잣돈 마련

박정희 정부는 경제 개발에 목숨을 걸었어요. 5.16 군사 정변이라는 비정상적인 방법으로 권력을 잡았기 때문에 정통성이 약했거든요. 그래서 경제 개발을 통해 정권을 비난하는 국민들한테 뭔가 보여 줘야겠다고 생각했어요.

경제 개발을 하려면 가장 필요한 게 돈이에요. 돈이 있어야 공장도 짓고, 물건을 실어 나를 도로도 닦고, 외국에서 원료도 사오니까요. 그런데 당시 나라엔 돈이 없었어요. 그래서 돈이 나올 만한 데는 다 뛰어다녔어요.

박정희 정부는 먼저 1965년 일본과 국교를 정상화하는 대가로 3억 달러를 받았고, 유상 차관으로 5억 달러를 받았어요. 유상 차관은 갚아야 하는 돈이에요. 그렇게 끌어들인 자금으로 포항 제철소를 짓고 경제를 일으키는 데 썼어요.

하지만 국민들은 한일 협정이 매우 굴욕적이며, 일본이 내놓은 돈이 식민 지배에 대한 배상으로는 형편없는 금액이라며 한일 협정을 반대했어요. 실제로 그때 맺은 한일

한일 협정 1965년 6월 22일 한일 협정이 맺어졌다. 이때 일본으로부터 받았던 돈은 이승만 정부 때 요구했던 것에도 훨씬 못 미치는 액수였다.

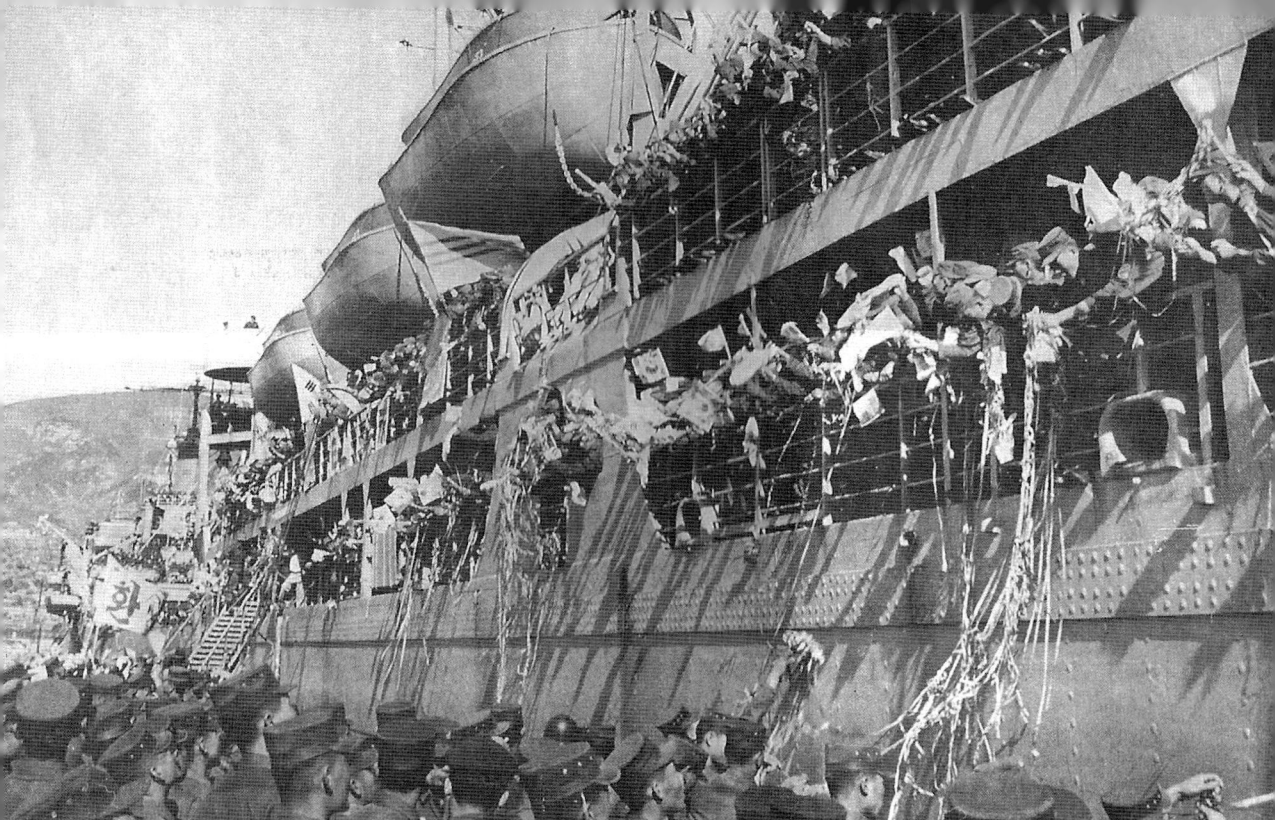

맹호 부대 파견 맹호 부대 군인들이 베트남으로 떠나고 있다. 베트남에 파병된 군인들은 미국으로부터 참전 수당을 받았는데, 군인들은 이 돈의 대부분을 한국으로 보냈고, 이 돈은 외화 수입에 큰 도움이 되었다.

협정 때문에 일제 강점기 때 강제로 끌려가 노동을 한 징용자들이 오늘날 일본 기업에 손해 배상을 청구해도 제대로 받지 못하고 있어요. 한일 협정 때 배상이 모두 끝났다며 일본 정부와 기업이 무시하기 때문이에요.

박정희 정부는 베트남에서도 돈을 벌어들였어요. 그때 미국은 베트남과 전쟁을 벌이고 있었는데, 우리 정부가 베트남에 한국군을 파견한 거예요. 처음엔 의료진이, 1965년부터는 청룡, 맹호, 백마 부대가 파견돼 미군 편에서 싸웠어요. 박정희 정부는 월남 파병 장병들이 피를 흘리며 벌어들인 돈을 경제를 발전시키는 데 사용했어요. 그때

기업들은 베트남에서 막대한 돈을 벌어들였어요.

정부는 또 서독*에 광부와 간호사를 파견해 돈을 벌어들였어요. 1963년부터 서독에 파견되기 시작한 광부들은 험한 막장에 들어가 석탄을 캐 번 돈을 국내로 보내고, 간호사들도 힘들게 일해 번 월급을 국내로 보냈어요. 박정희 정부는 일본에서, 베트남에서 그리고 서독에서 우리 국민들이 목숨 걸고 번 돈을 경제를 일으키는 데 쏟아 부었어요.

서독
독일이 통일되기 전인 1949년부터 1990년까지 있었던 독일연방공화국의 서부 지역 국가.

수출만이 살길이다!

박정희 정부는 수출이 아니면 죽음을 달라며 수출에 목숨을 걸었어요. 서울 구로동에 수출 공업 단지를 짓고, 구미와 마산 등 전국 여기저기에 수출 공업 단지를 만들어 물건을 만들고 외국에 수출했어요. 1960년대엔 섬유, 합판, 인형, 가방, 전자 등 경공업 제품을 주로 수출했는데, 경제 개발 5개년 계획 1차 때인 1964년 고작 1억 달러였던 수출액이 2차 때인 1970년엔 10억 달러로 늘더니, 1977년엔 100억 달러를 돌파했어요. 어마어마한 성과였지요. 육교마다 축하 광고판이 걸리고, 광장엔 수출 기념탑이 세워졌어요.

세계는 한국의 눈부신 경제 성장을 보고 한강의 기적이라며 놀라워했어요. 그때 대만, 싱가포르, 홍콩 등 눈부신 경제 발전을 이루는 개발 도상 국가가 있었는데, 한국은 그 네 마리 용 가운데 가장 활기찬 용이었어요.

박정희 정부 때 우리나라 경제가 그토록 발전한 데는 다 이유가 있어요. 박정희 정부는 군사 정권답게 경제 개발 목표를 정하면 군사 작전하듯 밀어붙였어요. 국민들에겐 할 수 있다는 신념을 불어넣었고, 국민들은 그 신념에 휩싸여 군인들처럼 용감하게, 정말 열심히 일을 했어요.

수출 100억 달러 달성 1977년 12월 수출 100억 달러 달성을 축하하기 위해 광화문 앞에 세워진 기념문이다.

군사 작전 벌이듯 경제 개발 밀어붙여

1970년대 들어 섬유, 인형, 가발 등 경공업 위주의 산업으로 나라 경제를 더 발전시키는 데 한계가 찾아왔어요. 그러자 박정희 정부는 중화학 공업 위주의 경제 정책을 폈어요. 그에 따라 철강, 자동차, 조선, 석유 화학 공장을 울산, 옥포, 거제 등 동남해안 도시에 짓고 대대적인 중화학 공업 발전에 나섰어요.

하지만 이 또한 자금 부족으로 어려움을 겪었는데, 박정희는 정말 운이 좋았어요. 1970년대 중반부터 중동 특수가 생겼거든요. 중동 특수는 우리 기업들이 사우디아라비아, 이란, 리비아 등 중동 지역에서 도로를 닦고, 건물을 지어 돈을 많이 벌어들인 것을 말하는데, 중동 특수로 번 돈을 중화학 공업에 투자할 수 있었던 거예요.

오늘날 어떤 사람들은 박정희 덕분에 우리나라가 가난에서 벗어났다, 박정희가 아니었다면 우린 아직도 가난에서 벗어나지 못했을 거라며 1960, 1970년대 경제 발전을 박정희 한 사람의 공으로 돌리기도 해요. 하지만 과연 그럴까요? 그렇게 말해도 되는 걸까요?

공장 여공들과 전태일

어림없는 소리지요. 제2차 세계 대전 패망의 상처를 딛고 라인강의 기적을 이뤄 낸 독일도, 원자 폭탄 두 방을 맞고 폭삭 주저앉았다가 경제 대국으로 올라선 일본도 그리고 한국과 더불어 아시아의 용으로 불린 대만, 싱가포르, 홍콩도 그들이 이룩한 경제 발전을 어느 한 사람의 공이라 말하지 않아요. 당연해요. 경제 발전은 정부와 기업과 노동자가 함께 노력한 결과니까요.

박정희 정부 시절 경제 발전에 큰 몫을 감당한 사람들로 여성 노동자를 빼놓을 수 없어요. 6. 25 전쟁이 끝나고 생활 전선에 뛰어든 여성들이 전후 복구에 큰 역할을 했던 것처럼, 1960, 70년대에도 여성 노동자들은 경제 발전에 큰 몫을 했어요. 가난한 농촌 소녀들은 집안 살림을 돕기 위해 서울로 올라와 수출 공단에서 열심히 옷을 짓고, 인형과 가발을 만들었어요. 그 덕에 수출이 1억 달러에서 10억 달러로, 100억 달러로 늘어났어요.

이처럼 경제 발전에 큰 역할을 한 여성 노동자들이지만 그들은 오

랜 노동과 적은 임금에 늘 힘겨운 생활을 해야만 했어요. 이런 여성 노동자를 보고 누구보다 마음 아파한 청년이 있었어요. 청년은 생각했어요. '우리 노동자들은 왜 이렇게 살아야만 할까. 근로 기준법에 분명히 하루 여덟 시간만 일하도록 돼 있는데, 왜 어린 여공들은 하루 14시간 이상 일해야 하는가. 이 불쌍한 여공들을 어찌해야 하는가.'

왜 어린 여공들은 하루 14시간씩 일을 해야 하지?

그 청년은 청계천 평화시장에서 옷감을 자르는 재단사였어요. 그는 허리도 펴기 힘든 다락방 공장에서 하루 종일 미싱˙을 돌리다가 피를 토하며 쓰러진 나이 어린 여공을 보며 절망과 슬픔과 분노를 느꼈어요.

미싱
당시 재봉틀을 부르던 말.

청년은 평화시장 노동자들의 노동 환경을 개선해 보겠다며 친구들과 바보회를 만들었어요. 바보회는 여공들이 하루 몇 시간 일을 하는지, 사업장 환경이 얼마나 열악한지를 조사해 신문사에 보냈어요.

평화시장에서 어린 여공들이 열악한 환경에서 하루 14시간 이상 노동에 시달리고 있다는 내용이 신문에 보도되자 세상은 노동자들에게 관심을 보이는 것 같았어요. 하지만 그때뿐이었어요. 시간이 지나도 달라진 건 없었어요. 청년은 결심했어요. '어린 여공들을 위해 내가 무엇이라도 해야겠다!'

"우리는 기계가 아니다 근로 기준법을 준수하라!"

1970년 11월 13일 청계천 평화시장 앞. 노동 환경을 개선해 달라며 시위를 벌이던 노동자들이 경찰에 쫓겨 이리저리 흩어지던 때였어요. 갑자기 한 청년이 근로 기준법 책을 들고 나타나 자신의 몸에 불을 붙였어요. 그러고는 외쳤지요.

"우리는 기계가 아니다! 일요일은 쉬게 하라! 근로 기준법을 준수하라!"

청년은 내 죽음을 헛되이 하지 말라는 마지막 말을 남기고 숨을 거두었어요. 그 청년은 평화시장 노동자 전태일이었어요. 전태일의 죽음은 노동자들뿐만 아니라 그가 근로 기준법 법조문을 이해하기 어려울 때마다 대학생 친구가 하나 있었

전태일과 동료 평화시장에서 보조 재단사와 함께 있는 전태일 모습이다. 전태일은 노동자들이 더 나은 환경에서 일할 수 있도록 근로 기준법을 지켜 달라고 호소했다.

으면 좋겠다고 말했던 대학생들에게 그리고 노동 문제에 관심을 기울이지 않았던 지식인과 종교인들에게 망치로 머리를 얻어맞은 것 같은 충격을 주었어요. 그의 죽음 이후 우리 사회는 노동자들에 관심을 가지게 되었고, 수많은 공장에서 노동조합이 만들어지는 계기가 되었어요.

무너지는 유신 독재

박정희는 가난을 몰아낸 위대한 지도자라고 칭송받아요.
하지만 민주주의와 인권 쪽으로 넘어가면
박정희에게는 최악의 독재자라는 꼬리표가 붙어요.
그는 경찰과 정보기관을 동원해 정부를 비판하는 사람들을 혹독하게
탄압했어요. 오죽했으면 한 시인이 그 시절을 총칼로 윽박지르고
군홧발로 짓밟는 겨울 공화국이라고 했겠어요.
아, 언제쯤 겨울 공화국에 봄이 올까요?

연표

1969년 ▶ 삼선 개헌
박정희가 장기 집권을 위해 헌법을 고치다

1972년 10월 ▶ 유신 헌법 공포
유신 체제가 시작되다

1979년 8월 ▶ YH 무역 사건
신민당사에서 시위하던 YH 무역 노동자가 경찰에 의해 사망하다

1979년 10월 ▶ 부마 항쟁
부산과 마산에서 유신 체제를 무너뜨리자며 대규모 시위가 벌어지다

1979년 10월 26일 ▶ 박정희 피살
김재규에 의해 대통령 박정희가 피살되다

정권에 반대하는 세력을 무참히 탄압

하얀 벚꽃 잎이 어지러이 흩날리던 어느 해 봄날. 사형 선고를 받은 사형수 8명이 선고 18시간 만에 전격 사형을 당했어요. 그들은 이른바 인혁당재건위 사건 관련자들이었지요.

인혁당재건위 사건은 "인민혁명당이라는 반국가 단체를 조직해 민청학련이라는 청년 조직을 배후에서 조종했다."라고 박정희 정부가 발표한 사건이에요.

국제 법학자 단체는 인혁당재건위 사건 관련자 8명을 사형한 1975년 4월 9일을 사법사상 암흑의 날이라고 혹평했어요. 그날의 사형 집행은 정권에 비판적인 세력을 대하는 박정희 정부의 태도를 너무나 적나라하게 보여 준 사건이었어요.

권력에 대한 박정희의 집착은 대단했어요. 쿠데타로 권력을 훔친 뒤 민간에 정권을 이양하겠다는 약속을 뒤집고 대통령이 되었고, 몇 년 뒤 다시 대통령 선거에 승리하고 나서는 1969년 대통령에 세 번 출마하는 것이 가능하도록 헌법을 고쳤어요.

다음다음 해 치러진 대통령 선거에서 그는 말했어요. 경제 발전을 이어 가기 위해서라도 다시 한 번 자신을 대통령에 뽑아 달라고, 국민 여러

인혁당 사건 피고인들 중앙정보부가 북한의 지령을 받은 사람들이 반란을 일으키려 했다며 검거한 언론인, 교수, 학생들이 재판을 받고 있다. 이들은 선고 18시간만에 사형을 당하고 말았다.

분께 표를 달라고 하는 건 이번이 마지막이라고요.

 야당의 대통령 후보 김대중은 이번에도 박정희가 대통령이 되면 영구 집권을 할 거라고 비판했어요. 박정희는 이에 굴하지 않고 돈과 권력을 동원해 선거를 치렀어요. 그 결과 김대중을 간신히 이겼지요. 이런 걸 보면 수출 신장률 세계 1위, 경제 성장률 세계 1위를 달리던 시대에도 박정희는 국민들에게 인기가 없었나 봐요. 아니면 적어도 국민들은 박정희가 장기 집권하는 걸 달가워하지 않았든가요.

 김대중을 가까스로 이긴 박정희는 다시는 선거를 치르고 싶지 않았어요. 그래서일까요? 선거가 끝난 다음 해인 1972년 10월 유신 헌법을 공포했어요. 유신 헌법의 핵심은 국민들이 직접 대통령을 뽑던 직선제를 간선제로 바꾼 거예요. 유신 헌법 공포 이후 박정희는 자기 수족들인 통일주체국민회의 의원들에 의해 99.9퍼센트라는 놀라운 득표율로 대통령에 당선됐어요. 이로써 다시는 국민들에게 표를 달라고 하지 않겠다던 공약을 지킨 셈이에요.

통일주체국민회의 대통령 간접 선거는 통일주체국민회의에서 이루어졌다. 이로써 박정희는 장기 집권의 틀을 마련했다.

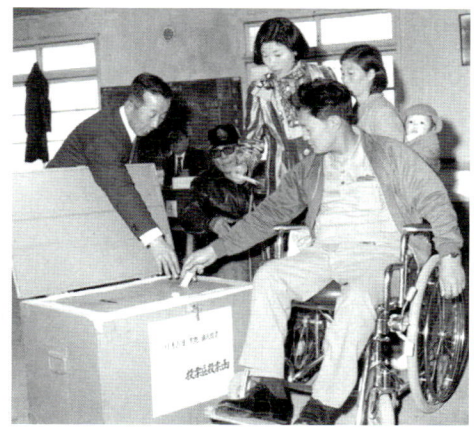

유신 헌법 투표 시민들이 유신 헌법 찬반 투표를 하고 있다. 유신은 모든 것을 새롭게 고친다는 뜻이지만 헌법 개정을 통해 달라진 것은 4년에서 6년으로 늘어난 대통령 임기와 직선제에서 간선제로 바뀐 대통령 선거 방식이었다.

한겨울 추위처럼 매서웠던 유신 독재

그때부터 시작된 유신 독재는 한겨울 추위처럼 혹독했어요. 박정희는 중앙정보부라는 정보기관을 동원해 자신의 라이벌과 비판 세력을 반국가 세력 혹은 북한을 이롭게 하는 빨갱이로 낙인찍어 철저하게 탄압했어요.

유신 헌법이 공포됐을 때 김대중은 병을 치료하기 위해 일본 도쿄에 머물고 있었어요. 박정희가 유신을 선포하자 김대중은 박정희를 독재자라 비판했어요. 그러면서 한국에 돌아가면 민주화 투쟁을 계속하기 어려울 거라고 판단하여 국외에서 민주화 운동을 벌였어요. 그런 김대중은 박정희 정권에게 눈엣가시였지요.

그러던 어느 날이었어요. 김대중이 사람을 만나기 위해 도쿄에 있는 호텔방을 나서는데 낯선 사람들이 김대중을 덮쳤어요. 그들은 김대중을 어느 항구에서 배에 실었어요. 김대중은 이제 죽었구나 생각했어요. 그때 만약 미국이 김대중을 풀어 주지 않으면 한국 정부를 지원하지 않겠다고 협박하지 않았다면 김대중은 바다에 던져져 물고기 밥이 됐을지 몰라요. 정보 기관원들은 김대중을 한국으로 끌고 와 집 앞에 버려두었어요.

김대중은 운이 좋았지만, 앞선 말한 인혁당재건위 사건 관련자들은 아깝게 처형됐어요. 인혁당재건위 사건이 일어나고 몇 달 뒤, 헌법 개정 100만인 청원 운동을 벌이며 박정희에게 가장 위협적인 존재로 떠오른 장준하는 포천의 어느 산에서 시체로 발견됐어요. 정부

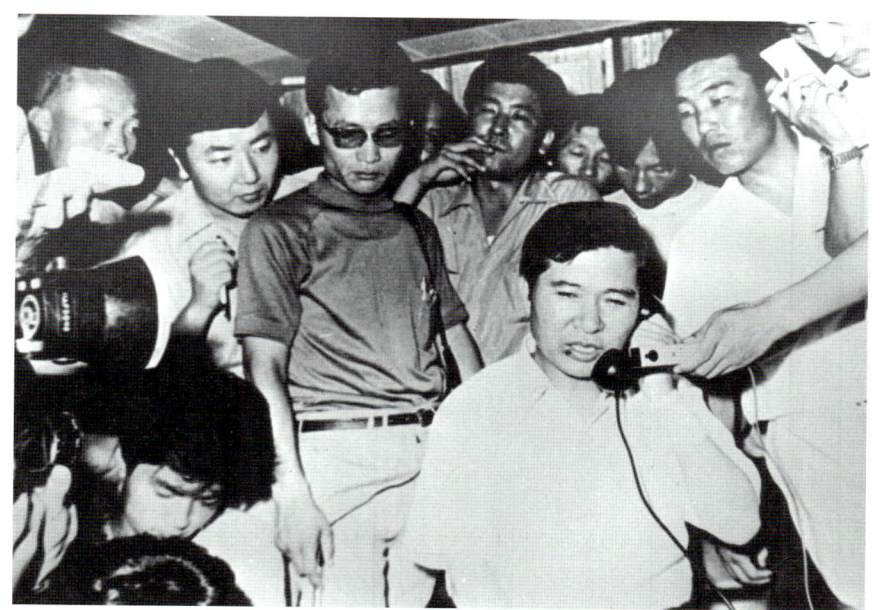

김대중 납치되었다가 살아 돌아온 후 자택에서 기자들에게 둘러싸인 김대중 모습이다. 당시 김대중은 인지도가 높은 정치인이었기 때문에 김대중 납치 사건은 큰 이슈였다.

는 언덕에서 발을 헛디뎌 굴러 떨어져 죽었다고 발표했지만 그 말을 믿는 사람은 많지 않았지요.

유신 독재의 둑을 무너뜨린 여성 노동자들

유신 독재가 극에 달하던 1979년 여름. 박정희 정부를 흔드는 사건이 일어났어요. YH 무역이라는 가발 제조 회사 사장이 공장을 폐쇄하고 미국으로 달아나자, 일자리를 잃은 여성 노동자들이 야당인 신민당 당사를 찾아가 억울함을 호소했어요. 경찰은 신민당사를 습

신민당사에서 끌려 나오는 YH무역 노동자들 1979년 8월 YH 무역의 노동자 172명이 신민당사에서 농성을 하다 끌려 나오고 있다. 정부는 경찰 1천여 명을 보내 강제로 노동자들을 연행했고, 이 과정에서 노동자 김경숙이 추락하여 사망했다.

김영삼 신민당 총재였던 김영삼의 의원직 박탈 사건은 유신 정권이 무너지는 계기가 되었다.

격해 여성 노동자들을 무차별적으로 잡아갔어요. 그 과정에서 쫓기던 여성 노동자 1명이 건물에서 떨어져 죽었지요.

국민들은 충격에 빠졌어요. 경찰이 야당 당사에 함부로 쳐들어가 농성 중인 여성 노동자를 폭력적으로 진압하는 것도 모자라 그 과정에서 사망자까지 생겨났으니 얼마나 충격을 받았겠어요.

분개한 신민당 총재 김영삼은 미국 언론과의 인터뷰에서 박정희 정권을 강하게 비판했어요. "미국은 박정희 독재 정권에 대한 도움을 중단해야 합니다." 이 소식을 들은 박정희는 너무나 화가 나 국회의원 김영삼의 의원직을 박탈해 버렸어요. 그러자 김영삼의 정치적 고향인 부산에서 대대적인 반정부 시위가 일어났어요.

부마 항쟁, 유신 독재를 무너뜨리다

1979년 10월 16일. 부산대학교 학생들은 학교 교문을 박차고 나와 외쳤어요. "유신 독재 타도하자! 김영삼 제명을 철회하라!" 그러자 부산 시민들이 학생들 시위에 호응하고 나섰고, 시위 불길은 옆 도시 마산으로 번졌어요. 부마 항쟁의 시작이었지요. 부마 항쟁을 놓고 박정희 정권은 탱크로 밀어붙이자는 강경파와 온건하게 사태를 수습하자는 온건파가 대립했어요.

10월 26일 저녁. 그날 박정희는 청와대 인근 한 가옥에서 자신의 왼팔인 경호실장과 오른팔인 중앙정보부장을 불러 연회를 베풀었어요. 그 자리에서 경호실장은 부산에서 시위하는 시민들을 탱크로 밀어 버려야 한다고 말했어요. 그러면서 "중앙정보부가 물러 터져서 사태를 이 지경을 만들었다."라며 중앙정보부장 김재규에게 비난을 퍼부었지요.

부마 사태를 온건하게 해결해야 한다고 주장하던 김재규는 얼굴이 흙빛이 돼 방을 나갔어요. 그리고 잠시 뒤 방으로 돌아온 그는 경호실장과 박정희를 향해 방아쇠를 당겼어요. 그날 울려 퍼진 두 발의 총성으로 박정희 독재는 종말을 고했지요.

박정희를 저격한 김재규 1979년 10월 26일 박정희를 살해한 김재규가 체포된 다음 사건을 재연하고 있다.

청바지, 미니스커트 입고 통기타를 쳐!

멋진 옷을 차려 입고 경성 거리를 활보하던 모던 걸, 모던 보이를 기억하나요? 모든 곳이 군대처럼 돌아가던 박정희 정부 시절에도 젊은이들의 새로운 문화는 싹 텄어요. 장발과 청바지, 미니스커트와 나팔바지를 차려입은 젊은이들은 통기타를 치며 젊음을 만끽했어요. 집집마다 흑백텔레비전이 생겨 드라마 전성시대가 펼쳐졌고요. 그 시대 텔레비전은 어른 아이 할 것 없이 누구에게나 가장 재미난 볼 거리였지요. 지금의 유튜브처럼요.

연표

1966년 ▶ 흑백텔레비전 방송 시작
금성(지금의 LG)에서 최초로 흑백텔레비전을 만들어 시험 방송을 하다

1968년 12월 ▶ 국민 교육 헌장 발표
정부가 국민의 윤리와 정신을 확고히 하기 위해 국민 교육 헌장을 발표하다

1973년 3월 ▶ 장발과 미니스커트 금지
정부가 장발과 미니스커트 차림을 금지하는 경범죄 처벌법을 발표하고 단속하다

1975년 ▶ 금지곡 지정
정부가 건전한 국민 생활을 위한다며 금지곡을 지정하다

1975년 8월 ▶ 마징가 제트 방영
일본 만화 영화 마징가 제트가 방영되기 시작하다

군인들의 전성시대

박정희 정부 때는 군인들의 전성시대 같았어요. 군인들이 정치를 좌지우지했고, 정부 초기에는 군인 출신이 오랫동안 국무총리를 했으며, 장관 중에도 군인 출신이 많았어요. 심지어 지역의 군수나 교육감에도 군인 출신들이 많이 임명되었지요.

대통령부터 장관, 군수, 교육감까지 군인 출신들이 많아서인지 나라 운영도 군대식으로 했어요. 그 때문에 나라가 군인들이 생활하는 병영 같았어요. 1960년대 말 고등학교와 대학교에는 군사 훈련을 하는 교련 과목이 생겼고, 1970년대에는 고등학교와 대학교에 학생회가 없어지고 학도 호국단이 생겼어요.

그때는 외울 것이 참 많았어요. 5.16 군사 정변 이후에 학생들은 학교에서 반공을 최고 국시로 어쩌고 하는 혁명 공약을 외워야 했고, 조회 시간에는 '나는 자랑스러운 태극기 앞에 몸과 마음을 바쳐 충성을 다한다.'라며 국기에 대해 맹세를

학도 호국단 시가행진 학도 호국단이 1975년 서울 시청 앞에서 시가행진을 하고 있다. 학도 호국단은 고등학교와 대학교에서 애국심을 키우고 국가에 헌신, 봉사하게 할 목적으로 국가 기관 등에 의해 조직되었던 단체이다.

해야 했어요. 여기까지는 그래도 괜찮았어요. 길어야 네 줄 정도니까요. 그런데 국민 교육 헌장을 외는 일은 너무 힘들었어요.

'나는 민족중흥의 역사적 사명을 띠고 이 땅에 태어났다.'로 시작하는 국민 교육 헌장은 길어도 너무 길었어요. 국민 교육 헌장을 못 외우면 선생님한테 혼났으니 그 시절 학생들은 외우느라 얼마나 힘들었을까요.

암울한 시대 속에서도 새로운 문화는 싹트고

온 사회가 군대처럼 돌아가고, 자유는 억압당하고, 감시와 검열과 통제가 일상인 나라. 그 나라에 사는 대학생들은 암울했어요. 하지만 그 암울한 시대 속에서도 젊은이들의 새로운 문화가 싹텄어요.

일제 강점기 우울한 시대 속에서 모던 걸과 모던 보이들이 경성 거리를 활보했던 걸 기억하나요? 유신 시대 젊은이들은 일제 강점기 모던 걸, 모던 보이처럼 암울한 시대 상황 속에서도 새로운 패션, 문화,

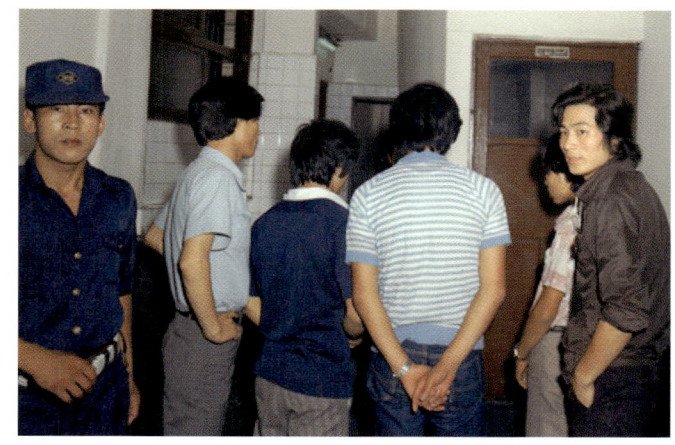

장발 단속 경찰의 장발 단속에 걸린 사람들이 경찰서에 연행되고 있다. 당시에는 머리카락을 기르는 것도 나라가 간섭했다.

예술로 시대에 저항했어요.

유신 시대 신세대 특징은 청바지와 미니스커트, 통기타와 생맥주였어요. 박정희 정부는 이런 유행조차 용납하지 않았어요. 경찰들은 가위를 가지고 다니며 머리가 긴 젊은이들의 머리를 잘랐어요. 신단발령이었지요. 또 자를 가지고 다니며 미니스커트를 입은 여성들의 치마 길이를 쟀어요. 치마가 무릎 위로 20센티미터 이상 올라가면 단속에 걸리는 거예요. 상상이 되나요? 벌건 대낮에 길 가는 여성의 치마 길이를 재는 경찰의 모습이요.

노래도 정부 뜻대로

청년들의 긴 머리카락을 자르고, 미니스커트 길이를 재는 것보다 젊은이들을 숨 막히게 하는 건 문화에 대한 탄압이었어요. 박정희 정부는 영화나 음악에서 자신들을 비판하는 기미가 보이면 사정없이 필름을 자르고, 금지곡으로 만들어 버렸어요.

젊은이들의 자화상을 보여 주는 〈바보들의 행진〉이라는 영화가 대표적인 예지요. 대학생인 주인공 병태는 장발 단속을 하는 경찰로부터 통쾌하게 도강을 쳐요. 그때 배경 음악으로 송창식의 〈왜 불러〉가 나오는데, 영화는 30분 이상 잘려 나갔고, 〈왜 불러〉는 금지곡이 되었어요.

또 어떤 금지곡이 있었냐면요. 김민기가 작사 작곡한 〈아침이슬〉

은 시위 때 많이 부른다는 이유로 금지곡이 됐고, 신중현이 부른 〈미인〉은 원래 가사가 '한 번 보고 두 번 보고 자꾸만 보고 싶네.'인데, 대학생들이 '한 번 하고 두 번 하고 자꾸만 하고 싶네.' 하며 대통령을 세 번씩이나 하고 있는 박정희를 비꼰다는 이유로 금지곡이 됐어요. 어떤 노래는 일본색이 짙다는 이유로, 어떤 노래는 북한을 떠올리게 한다는 이유로 금지곡이 됐고요.

〈마징가 제트〉와 〈로보트 태권 브이〉의 대결

그렇다고 그 시대가 늘 암울했던 것만은 아니에요. 텔레비전이 안방을 점령하면서부터 놀라운 즐거움이 생겼어요!

아이들은 일본 애니메이션 〈마징가 제트〉에 열광했어요. 그러다 우리의 〈로보트 태권 브이〉가 등장하자 넋을 빼앗겼어요. 아이들은 주인공 훈이가 로보트 태권 브이를 타고 적을 무찌르는 장면이 나오면 "달려라 달려 로보트야 날아라 날아 태권브이." 하고 노래를 따라 부르며 진짜 날아갈 듯이 함성을 질렀어요. 아이들에겐 마징가 제트와 로보트 태권 브이가 싸우면 누가 이

로보트 태권 브이 1976년 여름에 개봉한 만화영화 〈로보트 태권 브이〉 포스터이다. 로보트 태권 브이 얼굴은 이순신 장군 얼굴에서 영감을 얻어 제작했다고 한다.

길지도 큰 관심거리였어요.

어른들에겐 텔레비전 드라마의 인기가 대단했어요. 일일 드라마 〈아씨〉는 인기 폭발이었어요. 얼마나 인기가 많았는지 드라마 시작 전 드라마에 정신 팔린 사이 도둑이 들어올지도 모르니 문단속을 잘하라는 안내 방송을 할 정도였지요. 아씨를 구박하는 못된 남편 때문에 화가 난 여성 시청자들은 방송국에 몰려와 남편을 죽이든가, 개과천선시켜 주든가 하라며 항의를 하기도 했고요.

한 해 뒤 〈아씨〉의 인기를 능가하는 드라마가 방영됐어요. 〈여로〉라는 드라마예요. 그 드라마가 방영되는 저녁 시간엔 모두 다 일찍 집에 들어가는 바람에 길거리가 텅텅 빌 정도였어요. 그때도 지금처럼 재미있는 드라마를 보며 고단한 하루의 피로를 풀고 삶의 무게를 견딘 건 마찬가지였나 봐요.

하지만 그 모든 드라마가 아무리 재미있다 해도 1977년 방영된 7분짜리 각본 없는 드라마 한 편보다는 못할 거예요. 그 드라마의 주인공은 권투 선수 홍수환이었어요. 홍수환은 1977년 북중미 파나마로 날아가 세계복싱협회 슈퍼밴텀급 챔피언 결정전을 치렀어요. 상대 선수는 11전 11 KO승을 거둬 '지옥에서 온 악마'라는 별명을 가진 카라스키야였어요.

1회전 3분은 탐색전. 2회전이 시작되자 홍수환이 카라스키야의 돌주먹에 다운을 당했어요. 그리고 또 다운, 다운, 다운. 3분 동안 모두 네 번 다운을 당했어요. 그리고 3회전. 홍수환은 네 번 다운당한 선수답지 않게 상대를 세차게 몰아붙였어요. 상대방이 흔들리자 홍수

4전 5기 홍수환 홍수환과 카라스키야의 경기 장면이다. 권투 전성기였던 당시에는 홍수환과 장정구, 박종팔 등 한국인 권투 세계 챔피언이 많았다.

환은 더 많은 펀치를 날렸고, 마침내 카라스키야를 녹다운시켰어요. 국민들은 4전 5기의 통쾌한 KO승 덕분에, 헌법을 고치고 고쳐 한 번, 두 번, 세 번, 네 번 대통령이 된 뒤 다섯 번째 대통령이 되려는 암울한 유신 시대에 그나마 한 번 통쾌하게 웃을 수 있었어요.

북한은 달려간다 주체의 나라로

전쟁 뒤 대한민국은 세계에서 가장 가난한 나라였다고 했지요?
북한은 더했어요. 무차별적인 폭격으로 남아난 공장과 집이 없을
정도였대요. 그런데 어떻게 한때지만 남한보다 경제가 더 발전했을까요?
천리마 덕분이래요. 북한이 천리마를 수출해서 돈을 벌었냐고요?
그건 아니고요. 천리마를 탄 기세로 열심히 파괴된 일터를 복구하고
공업 생산력을 끌어올린 덕분이래요.

연표

1958년 ▶ 천리마운동 시작
북한이 경제 발전을 위해 천리마운동을 시작하다

1967년 2월 ▶ 주체사상 발표
북한이 주체사상을 국가 이념으로 정착시키다

1972년 7월 ▶ 7.4 남북 공동 성명 발표
남과 북이 자주적이며 평화적인 통일을 논의하다

1974년 ▶ 후계자 김정일 지목
김일성이 후계자로 김정일을 지목하다

석기 시대로 변해 버린 북한

이승만이 4.19 혁명으로 물러나고, 박정희가 독재 체제를 이어 가며 한강의 기적이라 불리는 경제 개발을 이끌어 가던 시절, 휴전선 이북 북한에선 무슨 일이 벌어지고 있었을까요?

6.25 전쟁 때 북한 지역을 폭격했던 미군 전투기 조종사는 훗날 이런 말을 했어요. "우리는 평양의 거의 모든 것을 파괴했다. 특히 원산에선 집과 공장 뿐 아니라 살아 있는 모든 것이 우리의 표적이었다. 그 도시는 석기 시대처럼 변했다. 아마 100년 안에 다시 일어서기 힘들 것이다."

미군 조종사의 말처럼 6.25 전쟁 뒤 북한은 쑥대밭이 됐어요. 그래서 전쟁이 끝난 북한은 전쟁 피해를 복구하는 데 가장 큰 힘을 쏟았어요. 그러자면 무엇보다 무너진 공장을 새로 짓고 공업을 다시 일으키는 게 중요했어요. 북한 지도자 김일성은 나름 참신한 아이디어로 경제를 일으키는 데 성공했어요. 그게 뭐냐면⋯⋯.

천리마운동 탄생의 비하인드 스토리

1956년 어느 날 철을 만드는 공장을 지도하던 김일성은 노동자들에게 현재의 어려운 북한 사정을 설명하며 열심히 일해 줄 것을 당부했어요. 그러고는 천리마를 탄 기세로 열심히 일해 생산량을 획기적으로 높이자고 독려했어요. 여기에서 이름을 딴 운동이 천리마운동이에요.

천리마운동은 공장을 넘어 직장과 농장, 학교 등 사회 전 분야로 확산됐어요. 운동의 성격도 단순히 열심히 일해서 생산량을 늘리자는 데 그치지 않고 대중에 대한 사상 교육을 통해 그들이 말하는 혁명적 열성을 높이는 정치 운동으로 발전했어요.

하지만 천리마운동에 문제가 있었어요. 북한은 사회주의 경제 체제 국가예요. 누구나 똑같이 일하고 똑같이 나눠 갖는 시스템이지요. 그런데 천리마운동을 시작하면서 획기적으로 생산성을 높인 노동자

천리마운동 천리마운동을 선전하는 포스터이다. 천리마운동은 경제, 문화, 도덕 등의 모든 분야에서 뒤떨어진 것을 청산하고 개혁하자는 북한의 운동이다.

에겐 월급도 더 주고 좋은 집도 주며 격려했어요. 그러자 열심히 일하는 노동자들이 생겨 경제 개발 5개년 계획을 2년 앞당겨 이룰 수 있었어요. 하지만 불만을 갖는 노동자들도 생겨났어요. 누구나 똑같이 나눠 갖는다는 사회주의에서 차별이라니요.

개인에서 집단으로 운동 확산

월급을 덜 받는 노동자 사이에 불만이 생기자 김일성은 공장 노동자들이 개별적으로 경쟁하는 게 아니라 집단을 이뤄 다 같이 경쟁하는 천리마 집단 운동을 제안했어요. 이후 노동자들에겐 천리마 집단이라는 칭호가 최고의 영예였고, 그중 뛰어난 노동자는 천리마 기수로, 더 열심히 일해 다른 노동자의 모범이 되는 노동자에겐 '로력영웅'이라는 영예를 안겨 주었지요.

로력영웅 배지 사회 각 분야에서 조선노동당을 위해 노력한 사람들에게 수여하는 상으로, 우리나라로 치면 훈장과 비슷하다.

르력영웅 칭호는 북한에서 굉장한 영광이에요. 로력영웅은 좋은 집과 생활에 혜택을 받고, 북한의 최고 의결 기구인 최고 인민회의 위원이 되기도 했어요.

브다 빠르게, 보다 많이 생산하자는 천리마운동은 전후 피해를 복구하고 공업 생산성을 획기적으로 높이는 데 공헌을 했다는 평가를 받아요. 천리마운동이 한창일 때 북한 경제가 남한을 능가했다고 해요.

천리마운동은 북한에선 지금도 살아 있는 말인가 봐

요. 지난 2018년 판문점 선언에서 김정은 국방 위원장이 남북통일 속도를 '만리마 속도'로 내달리자고 말한 걸 보면요.

'중국과 소련 의존에서 벗어나 주체적으로 살자'

김일성은 천리마운동과 함께 1950년대 중반부터 주체사상을 만들어 북한 주민들의 사상을 변화시켜 나갔어요. 그런 데는 다 그 만한 이유가 있어요.

북한에게 소련과 중국은 무척 중요한 우방*이에요. 사회주의의 종주국*인 소련은 사상적으로 물질적으로 북한에 도움을 많이 주었어요. 해방 뒤 북한을 점령해 군사, 정치, 경제에 많은 도움을 주었고, 우리에겐 아픈 일이지만, 6.25 전쟁 때는 북한군에 탱크를 지원해 주었어요.

우방
서로 우호적인 관계를 맺고 있는 나라.

종주국
문화적 현상이나 사상이 시작된 나라.

중국도 소련 못지않게 북한에겐 중요한 나라예요. 6.25 전쟁 때 중국은 수십만 대군을 파견해 북한군을 도와주었거든요. 그래서 지금도 북한과 중국은 혈맹, 즉 피를 나눈 동맹이라며 우의를 과시하지요. 이렇듯 소련과 중국은 북한에게 둘 다 중요한 동맹국인데, 소련과 중국이 국경 분쟁을 겪을 때 북한이 중국 편을 든 적이 있어요. 화가 난 소련은 북한에 대한 경제 및 군사 원조를 대폭 줄였어요. 그러자 북한은 경제와 국방에 어려움을 겪게 됐어요.

위기에 처한 김일성은 경제와 국방을 동시에 발전시키는 경제 국방 병진 노선을 취하겠다고 선언했어요. 그러면서 소련 의존에서 벗어나 주체적인 나라를 만들겠다고 선언했는데, 이러한 생각을 주체사상이라고 해요.

주체사상의 내용은 이런 거예요. 사상에서의 주체, 정치에서의 자주, 경제에서의 자립, 국방에서의 자위. 무슨 말인지 이해가 되나요? 쉽게 말해 남한테 의존하지 말고 우리 스스로 경제 발전시키고 나라 지키자, 이런 것이에요. 이후 주체사상은 국가를 이끌어 가는 정치 노선에서 발전해 철학적인 체계를 갖춰 나갔어요.

정치 노선에서 철학으로 발전

철학 하니까 점점 어려워지는 거 같은데, 별거 아니에요. 철학적으로 주체사상은 사람이 모든 것의 주인이며, 주인답게 모든 것을 자기가 결정한다는 사상이에요. 말만 놓고 보면 나쁜 말도 아니에요.

그런데 여기에는 함정이 있어요. 사람이 모든 것의 주인이고 역사 발전의 주체인데, 진정한 주체가 되려면 수령의 올바른 지도를 받아야 한다는 점이에요. 그러니 모순이지요. 사람이 자주성 창의성이 있는 주체인데, 진정한 주체가 되려면 지도를 받아야 한다고

주체사상탑 주체사상을 기념하기 위한 탑이다. 주체사상은 김일성이 1967년 12월 최고 인민 회의에서 발표한 북한의 기본 방침으로 이를 통해 김일성의 지배 체제가 한층 강화되었다.

하니까요. 그래서 오늘날 주체사상은 김일성의 유일 체제, 혹은 독재 체제를 받쳐 주는 수단이라는 비판을 받아요.

　오늘날 우리 사회에서 주체사상이라는 말은 입에 올려서는 안 되는 위험하고 불순한 용어예요. 아직도 우리 사회에는 '때려잡자 김일성 무찌르자 공산당'이 머릿속에 박혀 있는 사람이 많거든요. 하지만 주체사상을 빼놓곤 북한 사회와 사람들을 이해하기 힘들어요. 통일로 달려가는 이 시대에, 통일에 잘 대비하기 위해서라도 주체사상이 어떤 내용인지 살펴볼 필요가 있지는 않을까요?

5
민주주의를 이뤄 낸 대한민국

신군부의 등장과 짧았던 서울의 봄

겨울이 가면 봄이 오고, 봄이 오면 꽃이 피는 법인데, 꽃잎이 흩날리는
봄 풍경치고는 어쩐지 분위기가 살벌하네요. 화면을 짓누르는
군홧발 때문일까요? 꽃잎 사이로 펄럭이는 현수막도
심상치 않아 보여요. 유신 독재가 끝나고 이제 민주주의의
봄이 오는 줄 알았는데 그게 아닌가 봐요.
1980년 봄, 서울에서 대체 무슨 일이 벌어진 걸까요?

---- 연표 ----

1979년 12월 6일 ▶ 최규하 대통령 취임
박정희 정부의 국무총리였던 최규하가 대통령에 취임하다

1979년 12월 12일 ▶ 12.12 사태
전두환을 비롯한 신군부가 쿠데타를 일으키다

1980년 5월 15일 ▶ 서울역 집회
대학생 10만여 명이 서울역에 모여 전두환 반대 시위를 하다

1980년 8월 16일 ▶ 최규하 대통령 사임
신군부의 압력에 최규하가 대통령 자리에서 물러나다

민주화 열망이 꽃피던 시절

1979년 10월 26일 박정희가 부하의 총에 맞아 숨졌어요. 중앙정보부장 김재규는 왜 자신을 신임해 준 대통령을 쏜 걸까요? 그는 처형되기 전 법정에서 야수의 심정으로 유신의 심장을 쏘았다며 이렇게 말했어요.

"내가 박정희를 쏘지 않았다면 4.19 혁명 때보다 더 큰 유혈 사태˙가 발생했을 것이다."

그 말이 맞는 말일까요? 그때 김재규가 박정희를 쏘지 않았다면 박정희 정부가 군대를 동원해 국민들을 총으로 진압했을까요? 맞는 말인지 아닌지 모르겠지만 무시할 수도 없을 것 같아요. 20년 동안 박정희를 가장 가까운 곳에서 지켜본 김재규의 생각이니까요.

10.26 사태로 박정희가 죽고 서울의 봄이 찾아왔어요. 서울의 봄은 유신 독재가 끝나고 민주화 열망이 꽃처럼 피어나던 시기를 말해요. 서울의 봄이라니 왠지 따뜻하고 꽃향기 물씬 풍기는 아름다운 시절일 것 같지요? 하지만 정반대였어요. 1980년대 현대사를 벌겋게 물들인 한 사람 때문에요.

유혈 사태
유혈은 피를 흘리거나, 흘러나오는 피를 말한다.

박정희 가고 전두환 등장

그 사람의 이름은 전두환. 10.26 사태 당시 보안 사령관이자 대통령 저격 사건 수사를 맡은 합동 수사 본부장이었지요. 전두환은 수사를 진행하는 와중에 자신의 측근들을 요직에 배치해 군부 권력을 장악했어요.

전두환의 움직임이 심상치 않아 보이자 계엄 사령관은 전두환을 지방에 있는 사단으로 보내려고 했어요. 위기를 느낀 전두환은 12월 12일 동료들이 지휘관으로 있는 부대의 병력을 동원해 군대를 장악하고, 저녁 7시 부하들을 보내 계엄 사령관을 체포했어요. 명백한 군사 반란이자, 우리 현대사를 다시 한 번 뒤틀리게 만든 사건이었지요. 여기에 가담하여 권력을 장악한 군인들을 신군부라고 불러요.

계엄 사령관 계엄령의 선포에 따라 계엄 지역 안에서 계엄에 관한 업무를 총괄하는 군사령관.

전두환이 수장으로 있던 보안 사령부는 문제가 많은 부대였어요. 보안 사령부의 주요 임무가 간첩 잡는 방첩과 군사 반란을 막는 일인데, 군사 반란을 막아야 할 부대가 군사 반란을 일으켰으니 고양이한테 생선 가게를 맡긴 셈이지요. 이후에도 보안 사령부는 많은 문제를 일으켜요. 1990년에는 군인도 아닌

12.12 사태의 주동자들 1979년 12월 14일, 군사 반란이 끝나고 반란을 일으킨 주동자들이 국군 보안 사령부 건물 앞에서 찍은 기념사진이다. 앞줄 왼쪽 다섯 번째가 전두환이다.

민간인을 사찰해 큰 파문을 일으켰어요. 그 일로 보안 사령부는 국군 기무 사령부, 줄여서 기무사로 이름을 바꾸어야 했어요.

하지만 기무사는 이름을 바꾸고도 하던 버릇을 고치지 못했어요. 지난 2017년 대통령 박근혜가 국정 농단으로 탄핵을 당했을 때였어요. 그때 기무사는 은밀히 쿠데타를 모의한 문건을 만들었어요. 만약 헌법 재판소가 탄핵을 기각하고, 그에 항의하는 국민들이 대대적인 시위를 벌이면 군대를 동원해 시위를 진압하고, 국회 의원을 체포하고, 언론을 장악하고……, 한마디로 군사 쿠데타를 일으키겠다는 것이었어요. 다행히 그런 일은 벌어지지 않았지만 만약 그런 일이 일어났다면, 생각만 해도 끔찍해요.

박정희의 총애를 받은 전두환

신군부의 우두머리인 전두환은 20년 전 박정희가 5.16 군사 정변을 일으켰을 때 육군 사관 학교 생도들을 부추겨 박정희 지지 시위를 벌인 군인이에요. 이 일로 청년 장교 전두환은 박정희의 양아들이란 소릴 들을 만큼 박정희의 총애를 받았어요. 그런 그가 박정희가 갑자기 죽자 자신의 우상인 박정희가 한 것처럼 군사 반란을 일으켜 권력을 장악한 거예요.

국민들은 불안해하면서도 어서 빨리 유신 헌법을 개정해 국민들이 대통령을 직접 뽑을 수 있게 해 달라고 정부에 요구했어요. 권력을 장악한 전두환과 신군부 세력은 국민들을 안심시키기 위해 야당 지도자 김대중이 다시 정치를 할 수 있도록 풀어 주고, 자기들은 나라가 안정되는 대로 군인의 자리로 돌아가겠다고 말했어요.

서서히 드러나는 전두환의 음모

하지만 전두환 일당이 미적거리자 대학생들은 하루 빨리 비상계엄을 해제하고 민주적 절차에 따라 선거를 실시해 민주 정부를 구성하라고 요구했어요. 1980년 봄 대학생들의 움직임이 심상치 않자 야당 지도자 김대중과 김영삼은 학생들이 거리로 나와 시위를 벌이면 자칫 군부가 움직일 빌미를 줄 수 있다며 학생들에게 자제를 당부했어요. 그들은 그때까지도 전두환과 신군부가 정해진 일정에 따라 민주적인 선거를 실시할 거란 믿음이 있었거든요.

하지만 그건 순진한 생각이었어요. 전두환은 헌법을 고쳐 대통령 선거를 치를 생각도 없었고, 김대중이나 김영삼에게 대통령 자리를 내줄 마음은 더욱 없었어요. 전두환이 예상한 대로 김대중과 김영삼은 서로 자기가 대통령 후보로 나서겠다며 양보하지 않았어요. 그때 최규하 대통령은 허수아비였고, 군부와 정보기관, 사법부

비상계엄
국가 비상사태가 발생하여 사회 질서가 극도로 흐트러져 행정 및 사법 기능의 수행이 곤란할 때 대통령이 선포하는 계엄. 선포와 동시에 군인인 계엄 사령관이 계엄 지역 안의 모든 행정 사무와 사법 사무를 맡아서 관리한다.

대통령 후보에 등록하는 전두환
전두환은 박정희와 마찬가지로 나라가 안정되면 원래 자리로 돌아가겠다고 했지만 본인이 직접 대통령이 되었다. 이로써 박정희에서 전두환으로 군사 정권이 이어지게 되었다.

를 모두 장악한 전두환과 신군부는 정권을 완전히 차지할 기회만 엿보고 있었어요.

대학생들은 마침내 신군부의 의도를 정확히 파악하고 거리로 나섰어요. 1980년 5월 14일, 서울 시내 대학교 학생 수만 명이 시내로 나와 "전두환 물러나라!", "비상계엄 해제하라!"라고 외쳤어요. 다음 날 15일엔 지방에서 올라온 학생들까지 합쳐 10만 명이 넘는 대학생들이 서울역에 모여 대대적인 전두환 반대 시위를 벌였어요.

최규하 1919~2006
10.26 사건 이후 국무총리였던 최규하가 대통령으로 취임했으나 신군부에 휘둘려 별다른 힘을 쓰지 못했다.

학살의 전주곡, 전국 비상계엄 확대

4.19 혁명 이후 최대 인파가 모여 시위를 벌이자 전두환은 당황했어요. 물러날 수도 없고, 그렇다고 탱크로 밀어 버릴 수도 없는 처지였으니까요. 그런데 전두환보다 더 당황한 사람이 있었어요. 그날 시위를 주도했던 대학생 지도부였어요. 그들은 학생들이 이렇게 많이 모일 줄 몰랐어요. 그렇기 때문에 시위를 어떤 방향으로 이끌지 준비가 안 돼 있었지요.

온건파 지도부는 정부가 선거를 예정대로 치르겠다고 발표했으니 정부를 믿고 해산하자고 주장했고, 강경파는 이대로 물러가면 민주화 시위는 사그라질 것이며 이후 엄청난 탄압을 받게 될 거라며 더 강력하게 밀고 나가야 한다고 맞섰어요.

서울역 시위 1980년 5월 14일 서울역 앞에 모인 학생들이 시위를 하고 있다. 이날 민주화를 간절히 바라는 사람들의 열기가 서울역 앞 광장을 가득 메웠다.

결과는? 온건파 주장대로 집회를 해산하고 각자 학교로 돌아가 다음을 준비하기로 결정했어요. 이때의 시위 해산을 이성계의 위화도 회군에 빗대 서울역 회군이라 부르는데, 이성계는 위화도 회군으로 권력을 장악했지만, 서울역 회군을 단행한 총학생회장들은 다음 날 모두 연행됐어요.

전두환은 5월 17일 24시를 기해 비상계엄을 전국으로 확대하고, 김대중을 전격 연행했어요. 이것으로 짧았던 서울의 봄은 완전히 끝이 나고 말았지요. 그다음에 어떤 드라마가 펼쳐질지 아는 사람은 아무도 없었어요. 전두환을 비롯한 신군부 핵심 세력을 빼고는요.

5월 광주를 넘어 6월 민주 항쟁으로

조선 후기 풍속화가 김홍도가 타임머신을 타고 1980년대로 온다면
아마 이런 풍경을 그렸을지 모르겠어요. 그때 서울 거리에서는
항시 투구와 방패를 쓴 전투 경찰이 민주화 시위를 막고 있었어요.
호랑이 없는 굴에 여우가 왕 노릇한다는 속담처럼, 박정희의 뒤를 이은
전두환은 박정희보다 더 교묘하고 무자비하게 민주화를 요구하는
시민들을 짓밟았어요. 그 시작은 1980년 5월 광주였지요.

연표

1980년 5월 18일 ▶ 5.18 민주화 운동
광주에서 5. 18 민주화 운동이 일어나다

1987년 1월 ▶ 박종철 사망
대학생 박종철이 물고문으로 사망하다

1987년 6월 ▶ 6월 민주 항쟁
국민의 힘으로 직선제를 쟁취하다

1987년 12월 16일 ▶ 노태우 대통령으로 당선
전두환의 친구 노태우가 대통령으로 당선되다

시위 국민을 군대로 진압한 정부

1980년 5월 27일 새벽 4시. 광주 시내에 있는 전남도청 안에서 흐느끼는 여성의 곡소리가 흘러나왔어요.

"시민 여러분. 지금 계엄군이 쳐들어오고 있습니다. 우리는 최후까지 싸울 것입니다. 여러분 우리를 잊지 말아 주십시오."

방송이 그치고 얼마 뒤 도청 쪽에서 요란한 M16 소총 소리가 들리기 시작했어요. 도청 안에 있는 사람들은 누구며, 계엄군은 왜 도청으로 쳐들어간 것일까요?

전남도청의 시민들 전남도청에 시민들이 모여 있다. 광주에서는 1980년 5월 18일부터 27일까지 시민들이 민주화를 요구하며 시위를 벌였다. 5.18 민주화 운동으로 죽거나 실종된 사람이 240여 명, 부상을 입은 사람은 수천 명에 달한다고 한다.

열흘 전인 5월 18일 아침. 전두환 반대 운동을 벌이던 광주 지역 대학생들은 만약 휴교령이 내려지면 전남대학교 정문으로 모이자고 약속했어요. 휴교령이 내려지자 광주의 대학생들은 하나둘 전남대학교 정문 앞으로 모여들었어요. 대학교를 점령한 계엄군은 정문 앞에 모인 학생들에게 해산하라고 말했어요.

광주 시민을 연행하는 군인들 1980년 5월 27일 계엄군에게 끌려가는 시민들이다. 전두환 세력은 군대를 동원하여 광주를 탄압했다. 무장한 군인들은 시민들을 무차별적으로 폭행했다.

대학생들이 물러나지 않고 계엄령을 해제하라며 소리를 지르자 공수 부대 군인들이 대학생들을 향해 달려들어 무자비하게 곤봉을 휘둘렀어요. 퍽! 이 소리는 광주에서 펼쳐질 대학살의 신호탄이었지요.

광주에 투입된 공수 부대 군인들은 엊그제까지 시위대가 상대했던 경찰들과는 너무나 달랐어요. 그들은 물푸레나무로 만든 초강력 곤봉을 차고 있었고, M16 소총을 들고 있었으며, 총구 앞에는 대검을 꽂고 있었지요. 그들은 그것을 휘두르고, 쏘고, 찔렀어요.

시내 곳곳에서 공수 부대 군인들에게 얻어맞고 찔리는 모습을 본 광주 시민들은 이 믿기지 않는 풍경에 경악했어요. 3일 동안 지옥을 경험한 광주 시민들은 계엄군이 점령하고 있는 전남도청을 향해 모여들었어요.

광주 항쟁 3일째인 5월 20일 오후. 버스와 대형 트럭과 택시 수백

대가 금남로를 지나 도청으로 밀고 갔어요. 그러자 계엄군도 겁을 먹기 시작했어요. 계엄군은 시민들에게 "불순한 간첩들 선동에 휩쓸리지 말고 어서 집으로 돌아가라!"라고 말했어요. 시민들은 자신들을 빨갱이, 폭도 취급하는 그 말에 더욱 화가 났어요. 텔레비전은 광주의 참상은 전하지 않고 광주 시민들을 폭도로 몰아붙이는 정부 입장을 앵무새처럼 내보냈어요. 성난 시민들은 광주 MBC로 몰려가 방송국 건물을 불태워 버렸지요.

경찰과 대치 중인 시민들 1980년 5월 광주에서 시민들이 경찰과 대치하고 있다.

다음 날인 5월 21일. 정오가 되자 어디선가 애국가가 울려 퍼졌어요. 이게 뭐지? 시민들이 어리둥절하는 사이 총소리가 들려오고, 시민들이 픽픽 쓰러졌어요.

옆에서 시민들이 죽어 나가는 것을 목격한 시민들은 경찰 무기고로 달려가 총을 들기 시작했어요. 시위는 계엄군과 시민군의 시가전으로 변했어요. 시민군의 기세에 눌린 계엄군은 급히 도청을 빠져나와 광주 외곽으로 철수했지요.

시민들은 왜 총을 들어야 했을까?

계엄군이 물러난 5월 21일 밤부터 26일까지 닷새 동안 광주는 시민들 세상이었어요. 시민들은 수습 위원회를 만들어 사태를 원만히 정리하려고 했어요. 수습 위원회는 먼저 총에 맞아 죽은 사람들을 체육관으로 모으고, 광주 시내 병원에서 부상자를 치료하고, 거리를 청소했어요.

광주의 부녀자들은 청소하는 시민들에게 밥을 해 주고, 시민들은 바로 옆에서 죽음을 목격한 이야기를 나누며 분개하고, 위로하고, 매일 밤 도청 분수대 앞에서 민주 수호 범시민 궐기 대회를 열었어요. 광주 시민들은 민주화 시위를 벌이던 광주 시민에게 총을 쏜 신군부의 만행을 성토하며 "계엄군을 몰아내자, 전두환은 물러나라."라고 외쳤어요.

수습 대책 위원회는 계엄군 측과 사태를 잘 해결하기 위한 협상을 벌였어요. 시민들은 계엄군이 과잉 진압을 인정하고, 끌고 간 시민들을 풀어 주며, 공수 부대가 다시 시내로 들어오지 말 것을 요구했어요. 하지만 계엄군 측은 시민들에게 무기를 반납하고 해산하라며 만약 해산하지 않으면 진압 작전을 개시하겠다고 협박했어요. 최후통첩이었지요.

그날, 광주의 마지막 날

계엄군으로부터 최후통첩을 받은 시민군에게 마지막 선택의 시간이 찾아왔어요. 항복할 것인가, 끝까지 싸울 것인가. 시민군은 죽음을 무릅쓰고 도청을 지키기로 결정했어요.

5월 27일 새벽. 폭풍 전야의 고요가 온 광주 시내를 감쌌어요. 그 고요를 틈타 계엄군이 은밀하고 빠르게 도청을 포위했어요. 새벽 4시 무렵 도청 안에서 애절한 목소리가 흘러나왔어요.

"시민 여러분. 계엄군이 쳐들어오고 있습니다. 우리는 끝까지 싸울 것입니다. 우리를 잊지 말아 주십시오."

목소리가 그치고 얼마 뒤 계엄군이 총을 쏘며 도청으로 진입했어요. 시민군은 계엄군의 막강한 화력 앞에 무너졌지요. 살아남은 시민군은 손이 뒤로 묶인 채 도청 앞마당으로 끌려 나왔어요. 그렇게 광주는 완벽하게 진압되었지요.

새벽까지 입술이 바짝바짝 마르도록 초조하게 결과를 기다리던 전두환은 진압 작전이 성공했다는 연락을 받고 쾌재를 불렀어요. 얼마 뒤 그는 군복을 벗고 체육관에서 치러진 대통령 선거에서 대한민국 11대 대통령으로 선출이 되었어요. 12.12 사태로 시작된 기나긴 쿠데타에 마침표를 찍는 순간이었지요.

광주는 철저하게 패배한 것처럼 보였어요. 하지만 패배가 아니었어요. 우금치 전투 패배로 실패로 끝난 것 같았던 동학 농민 운동이 의병 항쟁으로, 독립운동으로 이어진 것처럼, 패배로 끝난 광주는 새로운 민주화 운동의 출발점이자 자양분이 되었어요.

광주 항쟁이 끝난 이후 사람들은 스스로에게 물었어요. '그때 내가 광주에 있었다면, 도청에 남아 있었다면 어떻게 했을까? 그날 죽어 간 시민들처럼 끝까지 진압군과 맞서 싸울 수 있었을까?' 그 물음을 품고 있던 학생들은 1980년대 내내 전두환 군사 독재와 맞서 싸웠어요. 그러던 1987년, 피할 수 없는 결전의 날이 오고야 말았지요.

6월 민주 항쟁의 서막, 박종철 고문사

1987년 1월 어느 날, 서울대생 박종철은 경찰 정보 요원들에 붙잡혀 갔어요. 그들은 박종철에게 선배 박 아무개가 있는 곳을 대라고 다그쳤어요. 박종철이 모른다고 하자 물이 가득찬 욕조 안에 머리를 처박고 물을 먹였어요. 박종철은 물고문 끝에 숨을 거두었지요.

박종철 추모 행렬 1987년 1월 20일 서울대학교에서 박종철 추모제를 마친 학생들이 영정 사진을 들고 있는 모습이다.

경찰은 "박종철 군이 조사를 받던 중 책상을 탁! 치니 억! 하고 쓰러져 죽었다."라고 발표했어요. 국민들은 크게 분노했어요. 대학생들이 정권 퇴진 운동을 시작하자 재야 운동권과 야당 지도자들도 시위에 합세했어요. 국민들은 박종철을 고문해 죽인 책임자를 처벌하라고 외쳤어요. 또 전두환은 물러나고 직선제로 대통령 선거를 치르라고 요구했어요.

국민들의 개헌 요구가 들끓자 전두환은 4월 13일 호헌 조치를 발표했어요. 호헌이란 헌법을 지키겠다는 뜻으로, 대통령을 체육관에서 간접 선거로 뽑겠다는 말이었어요. 국민들은 분노했지요.

그러던 5월 18일. 명동 성당에서 미사를 마친 천주교 신부가 박종철 고문치사 사건이 축소 왜곡됐다고 폭로했어요. 그러자 국민들은 더 이상 참기 어려운 지경이 되었어요. 대학생과 종교인, 언론인, 재야 지도자 등은 민주 헌법 쟁취 국민 운동 본부를 결성해 전두환 정권에 대한 저항에 나섰어요.

6월 10일 전두환 정권 퇴진 운동 시작

첫 시위를 벌이기로 한 날은 6월 10일. 그날은 정부 여당이 잠실 체육관에서 노태우를 대통령 후보로 지명하기로 한 날이에요. 그날 저녁 6시 모든 교회와 사찰에서 종을 울리고, 거리의 모든 차들은 경적을 울리고, 시민들은 "호헌 철폐! 독재 타도!"를 외쳤어요.

하루 전날 시위를 벌이던 연세대생 이한열이 시위 도중 경찰이 쏜 최루탄에 맞아 의식 불명에 빠졌다는 소식이 전해지자 시위는 더욱 뜨겁게 달아올랐지요.

시위가 걷잡을 수 없이 확산되자 전두환은 군대를 투입해 시위를 진압하기로 마음먹었어요. 하지만 7년 전 광주를 피로 물들이고 정권을 잡았는데 또다시 군대를 투입하는 건 너무 큰 부담이었고, 미국도 반대하는 바람에 군대를 투입하지는 못했어요. 대신 멋진 꾀를 냈어요. 여당 대통령 후보인 노태우에게

쓰러지는 이한열 이한열이 최루탄을 맞고 쓰러지는 순간을 표현한 동상 사진이다. 1987년 6월 9일 시위를 하던 이한열이 최루탄을 맞고 쓰러진 사건은 6월 민주 항쟁에 불을 지폈다.

연세대 정문 앞 시위 1987년 6월 10일 연세대 정문 앞에서 학생들이 "호헌철폐, 독재타도"를 외치며 경찰들에게 저항하고 있다.

"직선제를 받아들이겠다."라는 선언을 하게 한 거예요.

이른바 6.29 선언이 나오자 국민들은 국민의 힘으로 독재 정권을 무너뜨렸다고 환호했어요. 하지만 그건 너무 순진한 생각이었지요. 직선제로 헌법을 개정한 뒤 치러진 12월 대통령 선거에 김대중과 김영삼은 후보 단일화 요구를 무시하고 각각 대통령 후보로 나섰어요. 두 사람은 절대 화합하지 못할 거라는 전두환의 생각대로 된 것이지요. 전두환의 예상대로 결과는 노태우 당선. 많은 국민들은 6월 민주항쟁의 열매를 전두환과 노태우에게 빼앗겼다며 허탈해했어요.

6월 민주 항쟁으로 국민들은 기쁨과 좌절을 동시에 맛보았어요. 온 국민이 일어나 독재 정권으로부터 항복을 받아 냈지만 전두환의 후계자 노태우에게 정권을 내주는 바람에 반쪽짜리 승리에 그치고 말았지요. 국민들은 전두환에 속아 군사 정권을 완전히 끝장낼 때까지 몰아붙이지 않은 것을 후회했고, 후보 단일화에 실패해 노태우에게 정권이 넘어가도록 만든 김영삼과 김대중 두 야당 지도자에게 비난의 화살을 돌렸어요.

하지만 그때의 실패는 훗날 촛불 혁명을 이뤄 내는 데 좋은 경험이 되었어요. 2016년 겨울 국정 농단을 자행한 박근혜 정부를 몰아내기 위해 촛불을 든 시민들은 1987년 6월 민주 항쟁 때의 실수를 반복하지 말자며 박근혜가 대통령 자리에서 탄핵될 때까지 끝까지 촛불을 들었어요.

6월 민주 항쟁 이후 국민들의 민주화 열망으로 대통령 직선제로 헌법이 개정됐어요. 1972년 박정희가 간접 선거로 헌법을 고친 이후 15년 만에 대통령을 내 손으로 뽑을 수 있는 권리를 되찾은 것이지요. 6월 민주 항쟁의 열기는 그해 여름 노동자들의 투쟁으로 이어졌어요. 그 결과 수많은 공장에서 노조가 설립되고, 노동 조건이 개선됐어요. 대한민국은 그렇게 민주 사회로 한 걸음 나아가고 있었어요.

자가용 타던 중산층, 외환 위기로 몰락

'1997년 11월 21일 오늘의 뉴스를 시작하겠습니다.
대한민국이 망했습니다.'
이게 뭔 소리냐고요? 국가 부도 위기에 처한
우리나라가 아이엠에프에 돈을 빌리기로 했다는 말이에요.
로댕의 〈생각하는 사람〉보다 더 심각한 남자, 기업 부도, 대량 해고,
주식 폭락 뉴스가 외환 위기의 암울한 분위기를 말해 주는 것 같아요.
잘나가던 대한민국이 어쩌다 이 지경에 이른 걸까요?
해답을 찾기 위해 10여 년 전으로 거슬러 올라가 보기로 해요.

―――――― 연표 ――――――

1982년 3월 ▶ 프로야구 개막
동대문 운동장에서 프로야구가 개막하다

1986년 ▶ 서울 아시안 게임 개최
올림픽에 앞서 하계 아시안 게임이 서울에서 성공적으로 열리다

1988년 ▶ 서울 올림픽 개최
서울에서 하계 올림픽이 성공적으로 열리다

1997년 ▶ 외환 위기
정부가 아이엠에프에 구제 금융을 신청하다

비난의 시선이 너무 따가워서

5.16 군사 정변으로 권력을 잡은 박정희가 취약한 정권의 정통성을 만회하기 위해 경제 개발에 매진했다고 한 말 기억하나요? 전두환도 마찬가지였어요. 대통령이 되고 보니 자기를 바라보는 국민들의 시선이 너무 따가웠어요. 왜 안 그랬겠어요. 죄 없는 광주 시민 수백 명을 학살하고 대통령이 됐으니까요. 그래서 정권의 이미지를 좋게 만들기 위한 경제 정책들을 내놓고 싶었는데, 전두환 집권 초기인 1980년대 초반 경제 사정은 썩 좋지 않았어요. 1970년대 말 중동 산유국이 원유값을 왕창 올리는 바람에 경제 불황이 이어졌기 때문이에요.

경제는 일단 그렇다 치고, 자신을 따가운 시선으로 바라보는 국민들에게 잘 보이기 위해 전두환 정부는 스포츠라는 카드를 꺼내 들었어요. 바로 1988년 서울 올림픽 유치와 프로 야구 개막이었지요.

전두환 정부는 스포츠 공화국

올림픽 유치는 박정희 정부 때부터 시도했는데, 박정희가 갑자기 숨지는 바람에 중단됐어요. 그러다가 전두환이 대통령이 되자마자 올림픽 유치에 적극적으로 뛰어들었어요. 정보기관인 안전 기획부와 기업가 정주영까지 나선 덕에 일본 나고야에 밀릴 거라는 모두의 예상을 깨고 서울이 올림픽 개최지로 선정됐어요. 그때부터 대한민국은 올림픽 준비 체제에 들어갔어요. 경기장을 건설한다, 외국인에게 잘 보이려 낙후된 달동네와 도로를 정비한다, 노점상을 없앤다, 데모하는 놈들은 올림픽에 방해가 되니 잡아 쳐 넣어라!

전두환은 올림픽을 준비하는 한편 프로 야구를 출범시키라고 지시했어요. 정부가 나서서 프로 리그를 시작한 건 세계 스포츠 역사상 처음 있는 일이에요. 그만큼 전두환 정권은 자신들을 향하는 따가운

1988년 서울올림픽 개막식

시구하는 전두환 1982년 3월 27일 프로야구 개막식에서 전두환이 시구하고 있다.

시선을 다른 데로 돌리고 싶어 했어요.

　1982년 3월 서울 동대문 운동장에서 전두환의 시구로 한국 프로 야구가 개막됐어요. 전두환 정부의 의도대로 프로 야구는 효과가 있었어요. 퇴근을 하고 치킨에 맥주를 사서 야구를 보러 가는 직장인이 많았어요. 특히 호남 사람들은 해태 타이거즈 경기에 열광했는데, 경기장에 한데 모여 한목소리로 응원을 하며 광주의 아픔을 풀어내는 듯 보였어요. 정부로선 얼마나 좋아요. 국민들이 시위 안 하고 스포츠에 정신을 파니까요.

중고생 두발 교복 자율화, 대학교에 총학생회 부활

스포츠 말고 전두환 정부는 국민들에게 점수를 따기 위해 여러 정책을 시행했어요. 중고등학교 교복과 두발을 자율화해서 머리를 빡빡 깎지 않아도 되었고, 대학교에 학생회를 부활시켜 주었어요. 야간 통행금지를 폐지해 사회 분위기가 예전보다 자유로워졌어요.

1985년을 지나면서 경제도 좋아지기 시작했어요. 전두환 정부가 무슨 비범한 경제 발전 정책을 써서 그런 건 아니고요, 3저 호황을 맞이한 덕분이에요. 3저 호황은 저금리, 저달러, 저유가 시대가 되면서, 그 덕에 우리 경제가 크게 성장한 것을 말해요. 금리가 낮으니 외국 돈 빌려온 기업들은 이자 부담 줄지요, 달러가 내려가니 외국 원자재 수입하는 기업들은 싼값에 수입해 이익 남기지요, 기름값 떨어지니 기업도 좋고 가정들도 좋지요. 그리하여 3저 호황 때 우리나라 경제 성장률은 연 10퍼센트를 넘었어요. 한강의 기적을 이룬 박정희 정부 때보다 높은 성장률이었지요.

경제가 활성화되니 국민들 살림살이도 나아졌어요. 때마침 아파트 붐이 일어 너도나도 아파트에 입주하는 게 유행이었어요. 1970년대 강남의 잠실, 반포, 압구정에 이어 1980년대에는 목동과 상계동 등에 대단위 아파트 단지가 조성되고, 서울과 맞닿은 분당과 일산, 산본, 평촌 등에도 대단지 아파트가 들어서기 시작했어요.

아파트에 살며 자가용 모는 중산층

1980년대 중반 이후 중산층이 급격히 불어났어요. 아파트에 살며, 거실에서 컬러텔레비전을 보고, 자동차로 출퇴근을 하고, 주말엔 온 가족이 자동차를 타고 시외로 나가 외식을 하는 중산층 문화가 생겨났어요. 해외여행도 중산층이 누리는 기쁨 중 하나였어요. 전두환 정권은 86 아시안 게임과 88 서울 올림픽에 대비해 해외여행을 자유롭게 할 수 있게 했어요. 이제 여권과 비자만 있으면 누구나 해외에 나갈 수 있는 시대가 된 거예요.

그러는 사이, 86 아시안 게임과 88 서울 올림픽이 열리고, 대한민국은 점점 더 개방적이고 자유로운 나라로 변모했어요. 이런 거 보면 전두환 정부는 운이 참 좋았던 거 같아요. 3저 호황으로 인한 경제 성장 속에서 세계적인 스포츠 행사를 치러 내고, 아파트와 자동차를 소유한 중산층이 정치보다 스포츠와 여가 활동에 더 관심을 가져 정권으로 향한 비판을 분산시킬 수 있었으니까요.

도대체 외환 위기는 왜?

이제 조금 우울한 이야기를 해야겠네요. 시험을 망친 한나(가명)는 집에 들어가기 싫었어요. 에라, 모르겠다! 열 받아서 오락실에 들어갔지요. 뿅뿅뿅 신나게 게임을 하고 있는데, 어머나, 어디서 많이 본 아저씨가 게임을 하고 있지 뭐예요. 아빠? 한나 아빠는 왜 그 시간에 오락실에 있었던 걸까요?

1990년대 중반인 김영삼 정부 때 우리나라는 자가용 1천만 시대를 돌파하고, 더 많은 사람들이 해외여행을 떠나고, 정부는 세계화, 세계화를 부르짖으며 나라의 문을 더 활짝 열었어요.

그러던 1997년 초 재계 서열 14위 기업인 한보가 부도가 났어요. 한보의 부도는 한국 경제가 몰락하는 신호탄이었어요. 한보 부도 이후 굴지의 대기업들이 차례로 쓰러지기 시작하자 한국 기업에 투자했던 외국 투자자들은 투자한 돈을 회수해 외국으로 빠져나갔고, 기

한보 사태 수사를 요구하는 노조원들 1997년 1월 대기업인 한보그룹이 부도가 나자 나라 전체가 충격에 휩싸였다. 한보그룹의 부도로 대규모 금융 비리가 있었음이 밝혀졌고 이를 제대로 수사하라는 노조원들이 시위를 하고 있다.

업에 돈을 빌려주었던 은행들은 서둘러 빌려준 돈을 거둬들였어요.

외국 자본이 썰물처럼 빠져나가자 한국은행이 가지고 있는 달러가 점점 바닥이 났어요. 달러가 없으면 나라가 망하는 거예요. 수입과 수출할 때 달러로 거래하고, 외국에 돈을 갚을 때도 달러로 지불하는데 그런 달러가 없으니 국가가 부도가 날 수밖에요.

그런데도 경제 부총리는 "한국 경제는 기초가 튼튼해서 부도날 염려가 없다."라고 한가한 소리만 했어요. 하지만 웬걸요, 1997년 11월 한국은 달러 부족으로 국가 부도 직전에 내몰렸어요. 김영삼 정부는 부랴부랴 아이엠에프(IMF)에 구제 금융 신청을 했어요. 아이엠에프는 국제 통화 기금으로, 달러가 필요한 나라에 달러를 빌려주는 기관이에요. 1997년 11월 아이엠에프에 구제 금융 신청을 하면서 대한민국

은 외환 위기라고 하는 6. 25 전쟁 이후 최대 경제 위기를 맞았어요.

6. 25 전쟁 이후 최대의 경제 위기

외환 위기로 기업들이 줄줄이 부도나고, 기업이 부도나자 종업원들이 대량 해고되고, 회사에서 쫓겨난 가장들은 월급을 못 받아 가정이 파탄 났어요. 그래서 하루에도 자살하는 사람이 수십 명씩 생겨나고, 집을 나온 가장들이 노숙자가 되고, 가계에 돈이 없으니 소비가 위축돼 경제는 더욱더 침체되는 악순환이 되풀이됐어요.

회사에 있어야 할 시간에 오락실에 있었던 한나 아빠는 직장에서 해고됐지만 부인한테는 말도 못한 채 오락실에서 시간을 보내고 있던 거예요. 그때는 한나 아빠처럼 출근한다며 집을 나와 오락실, 도서관, 공원, 산에서 시간을 보낸 직장인이 많았어요.

김영삼 정부에 이어 등장한 김대중 정부는 부실 기업을 정리했고, 국민들은 금 모으기 운동을 벌여 아이엠에프에 빌린 돈을 갚겠다는 의지를 다졌어

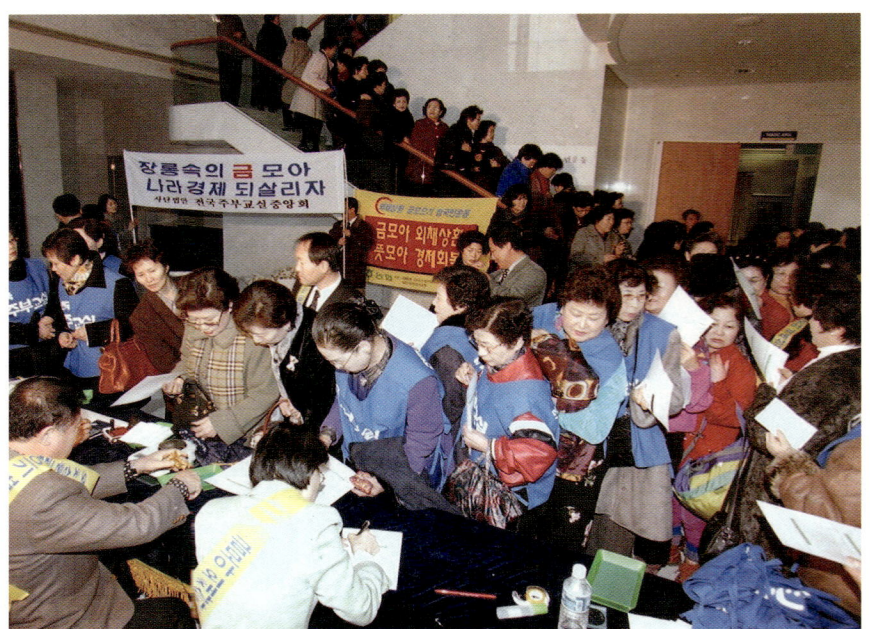

금 모으기 운동 1998년 겨울 은행에 금붙이를 파는 사람들 모습이다. 아이엠에프에 빌린 돈을 갚는 데 금을 팔아 보태자며 1998년 1월부터 금 모으기 운동이 전국적으로 일어났다. 이때 모은 금은 227톤 정도였다고 한다.

요. 그 결과 아이엠에프로부터 빌린 달러를 다 갚았어요.

하지만 아이엠에프 사태의 후유증은 컸어요. 아이엠에프는 단순히 돈만 빌려주는 기관이 아니에요. 돈을 빌려주는 대신 그 나라 경제에 간섭하고 통제해요. 이런 기업은 없애라, 노동자를 쉽게 해고할 수 있도록 법을 고쳐라, 이러면서 감 놔라 배 놔라 했지요. 그 때문에 수많은 직장인들이 정리 해고를 당해 직장을 잃었어요.

또한 비정규직 근로자가 크게 늘어나 많은 사람들이 고용 불안에 시달리게 되었어요. 비정규직이란 회사에 완전히 고용되지 못하고 몇 년마다 계약을 다시 해야 하는 근로자를 말해요. 이들은 정규직

사원과 똑같은 시간을 일하고도 임금을 2분의 1밖에 받지 못하고, 언제 회사에서 잘릴지 모르는 고용 불안에 시달리며, 각종 복지 혜택에서도 차별을 받아요. 이런 비정규직 근로자가 전체 근로자의 50퍼센트에 육박해 사회 양극화 현상이 심화되었어요.

20년 전 외환 위기 때 오락실에서 아빠랑 마주쳤던 한나는 지금쯤 결혼을 하고 아이를 낳을 나이가 됐을 거예요. 한나가 안정된 직장에서 열심히 일하고 행복하게 살았으면 좋겠어요! 한나가 누군지 궁금하면 한스밴드의 〈오락실〉을 들어 보세요.

민주주의와 평화를 위해 한 걸음

민주주의에는 공짜가 없어요. 피와 땀과 눈물과 단결을 요구해요.
민주주의를 지키기 위해 우리는 촛불을 들었어요. 어디서 그 불씨가
시작됐는지, 동학 농민 운동인지, 3.1 운동인지, 4.19 혁명인지,
6월 민주 항쟁인지 알 수 없어요. 하지만 분명한 건
민주주의가 위기에 처할 때마다 촛불을 밝혔다는 사실이에요.
앞으로도 그 불꽃은 민주주의와 평화를
지키기 위해 환하게 타오를 거예요.

―――――― 연표 ――――――

1972년 7월 ▶ 7.4 남북 공동 성명 발표
남과 북이 자주적이며 평화적인 통일을 논의하다

1991년 ▶ 남북한 유엔 동시 가입
남과 북이 동시에 유엔에 가입하다

1994년 ▶ 김일성 사망
북한의 김일성이 사망하다

2000년 6월 ▶ 6.15 남북 공동 선언
김대중과 김정일 두 정상이 평양에서 만나다

2007년 10월 ▶ 10.4 남북 정상 회담
노무현과 김정일 두 정상이 평양에서 만나다

2018년 4월 ▶ 판문점 선언
문재인과 김정은 두 정상이 판문점에서 만나다

70년 동안 섬나라였던 대한민국

대한민국은 섬나라나 다름없어요. 이렇게 말하면 '어라? 우리가 어째서 섬나라예요, 반도 국가지요.' 하고 반문할지 모르겠네요. 하지만 지도를 한번 보세요. 우리가 외국을 나갈 때 비행기나 배를 타지 않고 외국을 갈 수 있나요? 못 가지요. 휴전선이 가로막혀 있으니까요. 남북을 가로막는 휴전선이 우리를 섬나라 아닌 섬나라로 만들어 버린 거예요.

하지만 어쩌면 우리는 머지않아 기차를 타고 시베리아 벌판이나 중국 대륙을 가로질러 유럽까지 갈 수 있을지도 몰라요. 2018년 4월 27일에 불기 시작한 한반도의 봄바람 덕분이에요. 그날 남한과 북한의 두 정상은 판문점 군사 분계선에서 만나 두 손을 맞잡고 전 세계에 선언했어요.

"이제 더 이상 한반도에 전쟁은 없다."

"한반도에서 핵무기를 없애겠다."

4.27 판문점 선언을 계기로 철천지원수였던 북한과 미국도 6월 12일 싱가포르에서 만나 서로를 적대시하는 정책을 쓰지 않기로 합의했어요. 1953년 휴전 이후 한반도의 평화를 향한 가장 큰 역사 이벤트가 펼쳐진 거예요.

"이제 더 이상 한반도에 전쟁은 없다"

로마는 하루아침에 이루어지지 않았다는 말이 있듯이 남과 북의 평화 체제도 하루아침에 만들어지지 않았어요. 휴전 이후 남한과 북한은 끊임없이 만나 한반도의 봄을 이야기했어요. 하지만 잘될 것 같다가도 서로에 대한 불신과 미움 때문에 번번이 결실을 맺지 못했어요.

박정희 정부 시절인 1972년 7월 4일, 중앙정보부장은 깜짝 발표를 했어요.

"남과 북은 자주, 평화, 민족 대단결 원칙에 입각해 통일을 위해 노력하기로 했다."

7.4 남북 공동 성명을 들은 국민들은 정말 깜짝 놀랐어요. 어제까지 서로를 괴뢰 정권이니, 미국의 식민지니 하며 못 잡아먹어서 안달하던 남과 북이 통일을 이야기하니 안 놀라겠어요? 하지만 몇 달 뒤 남과 북은 다시 예전 관계로 되돌아갔어요. 남과 북이 만나서 평화적으로 통일을 하겠다고 했지만, 실제로는 김일성과 박정희라는 북한과 남한의 통치자가 자신의 권력을 다지기 위한 것일 뿐이었으니까요.

7.4 남북 공동 성명 1972년 남북한이 분단 이후 최초로 공동 발표한 평화 통일 성명을 보도한 서울신문의 1면이다.

평화 체제는 하루아침에 만들어지지 않았다

그로부터 20년 뒤인 1991년에는 남한과 북한이 유엔에 동시 가입하며 서로의 실체를 인정했어요. 그전까지는 남과 북은 자기가 한반도의 유일한 합법 정부라며 상대를 인정하지 않았어요. 그런데 이제 인정할 건 인정하고 통일에 대해 진지하게 이야기해 보자는 방향으로 입장을 바꾼 거예요.

남북이 채택한 남북 기본 합의서는 남과 북이 화해하고 서로 침략하지 않으며 교류하고 협력한다는 합의문이에요. 당시 북한은 경제적으로도 어렵고, 소련과 동유럽의 사회주의 국가들이 붕괴되는 모습을 보며 불안해하고 있었어요. 그래서 국제적인 고립을 피하기 위해 대화에 나섰지요. 하지만 북한은 한국군과 미군이 한미 군사 훈련을 하는 것을 문제 삼아 협의를 중단시켰어요.

이후 김영삼 정부 때인 1994년 남북 정상 회담을 열기로 합의했지만 김일성이 갑자기 사망하는 바람에 남북 정상 회담은 무기한 연기되고 말았지요.

햇볕정책과 함께 금강산 관광 시작

그러던 1998년 김대중 정부가 들어서면서 남과 북에 따뜻한 바람이 불기 시작했어요. 김대중은 북한을 개방으로 이끌어 내려면 차가운 바람이 아니라 따스한 햇볕이 더 효과적이라 믿었어요. 그래서 화해와 협력을 추구하는, 이른바 '햇볕정책'을 펼쳐 북한의 변화를 이끌어 냈어요.

김대중 정부 때 금강산 관광이 시작되었고, 개성에 대규모 공단을 만들기로 합의했어요. 그러고는 2000년 직접 평양으로 날아가 김정일을 만났어요. 분단 이후 남과 북의 정상이 처음 만난 역사적인 순간이었지요. 김대중과 김정일 두 정상은 6.15 남북 공동 선언에서 "통일 문제를 그 주인인 우리 민족끼리 서로 힘을 합쳐 자주적으로 해결하자."라고 말했어요. 남북 사이의 협력 관계는 노무현 정부로

6.15 남북 공동 성명 2000년 6월 15일 평양에서 만난 김대중과 김정일 모습이다. 분단 이후 최초로 두 나라의 정상이 직접 만난 역사적인 장면이다.

이어졌고, 노무현은 2007년 10월 4일 걸어서 군사 분계선을 넘어가 두 번째 남북 정상 회담을 열었어요.

하지만 이명박, 박근혜 정부가 이어지면서 남북 관계는 다시 추운 겨울로 되돌아갔어요. 북한이 핵 실험과 장거리 미사일 발사 실험을 강행하자 남북 관계는 꽁꽁 얼어붙었고, 북한과 미국은 곧 전쟁을 벌일 것처럼 으르렁댔지요.

평화 말고 다른 길이 있을까?

마주 보고 달리는 북한과 미국 열차를 멈추게 한 사람은 한반도에서 절대로 전쟁은 안 된다고 강력하게 주장했던 문재인 대통령이에요. 문재인 대통령은 2018년 평창 동계 올림픽에 북한을 초대해 북한을 평화 테이블로 불러냈어요. 그리고 마침내 4월 27일 판문점에서 남측의 문재인 대통령과 북측의 김정은 국방 위원장이 만나 역사적인 판문점 선언을 했어요.

9월에는 문재인 대통령이 평양을 방문해 남과 북이 비무장지대에서 모든 적대 행위를 중지한다는 합의를 했어요. 2019년 2월에는 북한과 미국이 베트남 하노이에서 두 번째 정상 회담을 했고요. 하지만 하노이 회담이 결렬된 것에서도 볼 수 있듯이 한반도에 평화를 정착시키는 건 결코 쉬운 일이 아니에요.

통일로 가는 길은 아직 멀어요. 70년 넘게 전혀 다른 체제 속에서 살아온 두 나라를 하나로 합치는 게 어디 그리 쉽겠어요? 하지만 적어도 남북이 전쟁을 하지 않고 자유롭게 왕래하는 사이까지만이라도 된다면 헤어진 이산가족이 쉽게 만날 수 있고, 북한의 자원과 노동력, 남한의 자본과 기술이 만나 남북한 모두 경제적으로도 많은 이익을 볼 수 있다고 해요. 그보다 더 좋은 건 70년 넘게 섬 아닌 섬이었던 상태에서 벗어나는 거예요!

그런 날이 오면 부산역이나 서울역에서 베를린행 열차 티켓을 끊고 평양 신의주 거쳐, 하얼빈을 지나 모스크바를 경유해 베를린 중앙역에 닿을 수 있을 거예요. 꿈 아니냐고요? 아니에요. 1936년 손기정 선수가 베를린 올림픽에 출전하기 위해 기차를 타고 갔던 길이 바로 이 경로예요.

전진과 후퇴를 반복하며 발전하는 민주주의

앞으로 갔다 뒤로 갔다 하는 남북 관계처럼 한국의 민주주의도 전진과 후퇴를 반복하며 발전해 왔어요. 이승만 독재 정권을 4.19 혁명으로 무너뜨리고 민주주의를 회복하는가 싶었지만 박정희가 군사 정변을 일으켜 민주주의를 후퇴시켰어요. 박정희 독재 아래서 민주화를 위해 목숨 걸고 싸운 덕에 박정희 정권이 무너졌지만 다시 전두환이 1980년 광주를 피로 물들이며 민주주의를 짓밟았지요.

1987년 6월 민주 항쟁을 통해 전두환 정권을 무너뜨렸지만 민주 세력이 분열하는 바람에 6월 민주 항쟁의 열매는 전두환의 친구인 노태우가 차지했어요. 한때 민주화 투사였던 김영삼은 대통령이 되기 위해 박정희 유신 독재 세력과 전두환 군사 독재 세력과 손을 잡으며 민주화를 열망하는 국민들에게 실망을 안겨 주었어요.

민주주의는 저절로 발전하지 않는다

그러다가 김대중이 대통령이 되면서 비로소 최초의 평화적 정권 교체를 이루었어요. 김대중 정부에 이어 노무현 정부까지, 1948년 정부 수립 이후 2008년까지 60년 동안 진정한 민주주의를 지킨 기간은 10년밖에 안 돼요.

이명박, 박근혜 정부는 민주주의의 시계를 거꾸로 되돌려 놓았어

2016년 광화문 탄핵 촛불 시위

요. 언론을 장악해 국민들의 눈과 귀를 가리고, 정보기관과 경찰 등을 동원해 정부에 비판적인 세력을 사찰하고 탄압했어요. 이명박 정부는 군과 정보기관을 선거에 이용했고, 그렇게 탄생한 박근혜 정부는 정부를 비판하는 시민, 문화 예술인들을 적으로 만들었어요. 그 때문에 이명박, 박근혜 정부 시절 민주주의는 과거 박정희, 전두환 군사 독재 시절로 돌아간 것 같았어요.

2016년 겨울 국민들은 4.19 혁명과 6월 민주 항쟁 때 그랬던 것처럼, 후퇴하는 민주주의의 수레를 앞으로 굴리기 위해 촛불을 들었어요. 그 결과 대통령 박근혜는 탄핵을 당해 청와대를 떠나야 했고, 수많은 국정 농단을 저지른 죄로 구속됐어요. 민주주의를 회복하기 위해 광장에 나가 촛불을 들었던 국민들의 승리였지요.

민주주의 발전을 가로막는 분단

우리나라 민주주의를 후퇴하게 만든 가장 큰 원인 중에 하나는 분단이에요. 과거 독재 정권은 분단 상황을 이용해 민주주의를 바라는 국민들의 요구를 철저하게 억압했어요.

그들이 썼던 수법은 두 가지예요. 하나는 민주화를 요구하는 사람들을 빨갱이로 모는 색깔론이었고, 또 하나는 북한의 위협을 과장해 국민들을 안보 불안감에 떨게 만들어 선거에 유리하게 만드는, 이른바 안보 장사였어요.

안보를 정치에 이용한 역사는 꽤 깊어요. 이승만 정부는 부정 선거를 규탄하는 시민들을 빨갱이라고 매도했고, 박정희 정부는 민주화 운동을 하는 사람들을 간첩으로 조작해 사형까지 시켰어요. 전두환 정부는 광주 시민들을 빨갱이, 폭도라고 모욕했어요.

분단이 극복된다고 민주주의가 완성되는 건 아니에요. 민주주의에는 완성이 없어요. 자칫 방심했다가는 언제 또 욕심꾸러기 권력자가 나타나 민주주의를 후퇴시킬지 몰라요. 그걸 막기 위해 우리는 민주주의라는 수레바퀴를 힘차게 앞으로 밀고 나가야 해요. 그럴 때만이 민주주의는 발전할 수 있어요.

북한도 이제 변하겠지요?

2018년 북한 김정은은 선언했어요.
"경제 건설과 핵무력 건설 병진 노선을 종료하고 경제 총력 집중을
새 노선으로 채택한다." 그동안 경제 발전과 핵무기 개발을 동시에
추진해 왔지만 이제 경제에 집중하겠다는 말이에요.
그러면서 북한 인민들이 더 이상 허리띠를 졸라매고 살지 않게 하겠다고
말했어요. 역사적인 남북 정상의 판문점 악수 장면은 이런 바탕에서
탄생한 거예요. 그런데 북한이 정말 변할까요? 변한다면 어떤 모습일까요?

연표

1991년 ▶ 소련 해체
공산주의 대표 나라인 소련이 무너지다

1994년 ▶ 김일성 사망
북한의 김일성이 사망하다

1994년 ▶ 고난의 행군 시작
북한이 경제적으로 어려운 시기를 보내다

2011년 ▶ 김정은 집권
김정은이 북한의 최고 지도자로 등장하다

"경제 발전에 집중하겠다"

북한이 굳게 닫힌 문을 열기까지 엄청난 고민과 어려움이 있었어요. 이유는 사회주의 경제 체제를 지키려는 데 있어요. 사회주의 경제 체제는 개인이 재산을 가질 수도 없고, 집을 사고 팔 수도 없어요. 오로지 국가에서 정해 준 데서 일하고 정해 준 대로 배급을 받고 살아야 해요. 사회주의 경제 체제는 굉장히 비효율적이에요. 나라에서 일일이 생산량을 정하고, 자유롭게 물건을 사고팔지도 못하고, 열심히 일해도 부자가 될 수 없는데 어떻게 경제가 발전하겠어요?

그래도 다른 사회주의 국가들로부터 원조도 받고 물건도 사고팔며 살 때는 그럭저럭 괜찮았는데, 1989년부터 사회주의 국가들이 하나 둘 무너지기 시작하자 북한 경제는 급격히 어려워지기 시작했어요. 북한을 도와주던 소련과 중국도 예전처럼 북한을 도와줄 여력이 없었기 때문이에요.

엎친 데 덮친 격으로 1990년대 들어 북한은 여러 가지 사태가 발생하며 위기로 몰렸어요. 1994년 김일성이 죽고 1995년과 1996년 100년 만의 대홍수가 연이어 터졌어요. 그다음 해엔 대가뭄. 그때 북한에선 수백만 명이 굶어 죽고 난리도 아니었대요. 북한은 위기를 고난의 행군으로 극복하려 했어요. 고난의 행군은 1930년대 김일성이 만주에서 추위와 배고픔을 참아 가며 항일 유격 투쟁을 벌이던 것에서 비롯된 말인데, 홍수와 가뭄으로 인한 경제 파탄을 고난의 행군으로 극복하자고 한 것이에요.

고난의 행군으로 경제 위기 극복 나서

2011년 김정일이 죽고 그의 아들 김정은이 새 지도자가 되었어요. 김정은은 어린 시절 스위스에서 유학한 경험 때문인지 몰라도 북한을 개방해서 경제 발전을 이루어야 한다는 생각을 가지고 있었대요. 그런 생각이 오늘과 같은 개방 정책을 낳은 요인이었다고 해요.

김정은은 2013년 경제와 핵 개발을 동시에 추진했어요. 하지만 두 마리 토끼를 잡는 일이 어디 쉬운가요. 핵무기 개발하느라 돈이 너무 많이 들어서 북한 경제가 엄청 어려웠지요. 게다가 세계 여러 나라가 핵 실험을 하는 북한을 경제적으로 제재하는 바람에 북한은 먹고 살

양강도 삼지연군을 시찰 중인 김정은 김정은은 김일성의 손자로 북한의 권력을 3대째 물려받은 인물이다. 북한의 경제를 발전시키기 위해 적극적으로 시장을 개방하고 있다.

기가 더욱더 어려워졌어요.

그래도 김정은은 굳세게 핵 실험을 강행해 2017년 6차 핵 실험 시험을 마쳤어요. 그리고 그해 11월 핵폭탄을 실어 나를 수 있는 대륙 간 탄도 미사일 시험 발사에 성공했어요. 아니, 성공했다고 북한이 말했어요.

북한이 시험 발사한 대륙간 탄도 미사일 화성 15형은 날아가는 거리가 1만 2천여 킬로미터로 미국 본토 전역을 타격할 수 있대요. 이렇게 핵무기도 완성하고 핵무기를 실어 나를 수 있는 미사일도 완성한 북한은 '우리는 경제 개발에 집중하겠다.' 이렇게 나왔어요.

북한이 핵무기를 만든 진짜 이유

북한은 핵 실험을 자꾸 하면 북한 경제를 완전히 봉쇄하겠다고 미국이 겁을 주는데 왜 핵무기를 만든 걸까요? 크게 두 가지 의견이 있어요. 하나는 핵무기로 남한을 적화 통일하려고. 또 하나는 핵무기를 가짐으로써 미국의 핵 공격을 예방하고, 미국과 경제 제재 해제와 평화 협정 체결을 위한 협상을 유리하게 하기 위해서.

> **적화 통일**
> 공산주의 사회를 지향하는 통일

북한은 핵무기를 남한을 공격하려고 만든 게 아니라고 말했어요. 믿든 안 믿든 그랬어요. 김정은은 제 손으로 제 눈을 찌르는 짓을 왜 하겠냐며 남한 동포를 향해 핵무기를 사용할 생각이 없다고 말했어요.

많은 사람들은 북한이 먼저 핵무기를 쏠 거라고 생각하지 않아요. 북한이 먼저 핵무기를 사용하면 그 즉시 북한은 지구상에서 사라질 거예요. 북한은 미국이 어떤 나라라는 걸 알고 있어요. 6.25 전쟁 때 북한이 미국의 폭격으로 쑥대밭이 됐잖아요. 미국은 지구에서 가장 강력한 핵무기를 가장 많이 보유한 나라예요. 핵을 가지고 있는 데 그치지 않고 제2차 세계 대전 중 히로시마와 나가사키에 핵무기를 실제 사용했어요. 이러니 북한은 미국에 대단한 공포심을 느끼고 있지요. 김정은은 "체제의 안전을 보장받으면 우리가 핵을 가지고 있을 필요가 뭐가 있겠냐?"라며 더 이상 핵무기를 만들지 않겠다고 말했어요.

북한은 과연 개방을 할까?

이제 북한은 베트남처럼 개혁 개방에 나설 것이라고 전문가들은 예상해요. 베트남은 1986년 개혁 개방 정책을 펴 정치적으로는 사회주의를 유지하면서 경제적으로는 해외 자본을 끌어들여 경제 발전을 이루고 있어요. 이 베트남식 개혁 개방 정책을 도이머이라고 불러요. 도이머이는 베트남어로 새롭게 바꾼다는 뜻이에요.

어떤 사람들은 1980년대 중국이 그랬던 것처럼 북한도 시장 경제 체제를 도입해 경제 개발에 나설 거라고 예상해요. 베트남식이든 중국식이든 북한의 목표는 김일성, 김정일, 김정은으로 이어지는 세습

2018년 4월 27일 판문점에서 만난 문재인 대통령과 김정은 국방 위원장

체제와 사회주의 정치 체제를 유지하면서 개방을 통해 경제를 발전시키는 걸 거예요.

북한의 개방 경제 실험은 과연 성공할 수 있을까요? 이러다 정말 북한이 놀라운 경제 발전을 이룩하면 어떡하지요? 좀 헷갈리네요. 그래도 망하는 것보다는 낫겠지요. 북한 경제가 안정적으로 발전해야 북한과 통일을 할 때 우리의 힘이 훨씬 덜 들 테니까요. 이것이 미래를 위한 투자라고 생각하고 북한이 경제 발전을 할 수 있도록 돕고 협력해야 하는 이유가 아닐까요?

2018년 이후 '분단'과 '대결' 역을 빠져 나온 한반도 열차는 '평화' 역을 향해 달리기 시작했어요. 열차가 종착지인 '통일' 역에 언제 닿을지 지금으로선 알 수 없어요. 가다가 장애물을 만나면 잠시 멈추거나 심지어 뒤로 돌아가게 될지도 몰라요. 하지만 중요한 건 열차가 달리기 시작했다는 사실이에요! 열차가 멈추지 않고 달릴 수 있도록 계속 연료를 넣어 주어야 해요. 그 연료는 한반도의 평화를 바라는 우리 모두의 간절한 마음일 거예요.

찾아보기

ㄱ

갑신정변 19, 23, 24, 25, 27, 35, 54
강화도 조약 11, 13, 16, 17, 53, 58
개항 11, 13, 14, 16, 17, 25
개화 57, 96
개화파 19, 20, 21, 22, 23, 24, 33, 54
경인선 53, 58, 59
고종 15, 23, 31, 33, 34, 37, 38, 39, 46, 48, 50, 54, 55, 56, 74
공산주의 263, 266
공산주의자 88, 132, 139
광주 학생 운동 81, 90
국가 총동원법 105
국채 보상 운동 40, 41
금 모으기 운동 247, 248
금지곡 201, 204, 205
김구 55, 56, 79, 81, 84, 85, 88, 123, 127, 128, 129, 130, 134
김규식 71, 73, 74, 117, 123, 125, 127, 128, 129, 130
김대중 195, 196, 197, 223, 225, 236, 237, 247, 251, 254, 255, 258
김영삼 198, 199, 223, 237, 246, 247, 254, 258
김옥균 20, 21, 22, 23, 24
김원봉 81, 82, 84, 89
김일성 129, 130, 132, 133, 135, 147, 148, 154, 209, 210, 212, 213, 214, 215, 251, 254, 263, 264, 265, 267
김재규 193, 199, 220
김좌진 86, 87
김주열 171, 172, 173

ㄴ

나혜석 95, 100, 101
남북 협상 127, 128, 129, 130
내각 책임제 177
노무현 251, 255, 256, 258
노태우 179, 227, 235, 236, 237, 258

ㄷ

대성 학교 41, 42
대한 제국 31, 34, 36, 37, 38, 41, 59, 63, 79, 96
대한매일신보 40, 41
대한민국 임시 정부 41, 71, 73, 74, 76, 77, 78, 79, 81, 82, 88, 89
독립신문 78
독립 협회 31, 33, 34, 35
동아일보 63, 67, 122, 173

270

동학 농민 운동 19, 25, 26, 28, 29, 32, 35, 233, 251

ㄹ

랴오둥 반도 32, 36
러일 전쟁 31, 40, 59

ㅁ

만민 공동회 31, 34, 35
명동 성당 234
모던 걸 95, 97, 98, 99, 100, 101, 102, 103, 201, 203
모던 보이 95, 97, 102, 103, 201, 203
미군정 124, 132, 138
미소 공동 위원회 115, 122, 123, 124
미쓰코시 백화점 95, 98, 99
민영환 38

ㅂ

박규수 20
박근혜 222, 237, 256, 258, 260

박정희 109, 166, 167, 169, 171, 178, 179, 180, 183, 184, 185, 186, 187, 188, 189, 193, 194, 195, 196, 197, 198, 199, 201, 202, 204, 205, 210, 219, 220, 221, 222, 223, 227, 237, 240, 243, 253, 258, 260, 261
박종철 227, 233, 234
박흥식 137, 139
반민족행위특별조사위원회(반민특위) 139, 140
베델 40
베트남 파병 183
별기군 19, 21
병인양요 11, 14, 15
봉오동 전투 42, 81
부마 항쟁 193, 199
부정 선거 173, 174, 261
부통령 172, 173
북한군 148, 149, 150, 152, 153, 154, 155, 156, 213
비정규직 248, 249

ㅅ

4.3 사건 130, 131
4.19 혁명 171, 174, 176, 177, 178 210, 220, 224, 251, 258, 260
삼국 간섭 32, 36

271

삼백 산업 163, 165
3.1 운동 63, 67, 71, 73, 74, 76, 77, 82, 86, 90, 100, 117, 251
3.15 부정 선거 171, 173
38선 115, 117, 120, 121, 130, 132, 133, 148, 150, 152, 153
서독 121, 186
서재필 20, 33
소작 쟁의 90, 91, 93
신군부 219, 221, 222, 223, 224, 225, 231
신미양요 11, 15, 16
신민회 41, 42
신채호 40, 41
신탁 통치 115, 121, 122, 123
신흥 무관 학교 42, 86
12.12 사태 219, 233

아관 파천 31, 33, 34
아이엠에프(IMF) 239, 246, 247, 248
안중근 45, 46, 47, 48, 49, 50, 51
안창호 41, 42, 77
여운형 73, 74, 115, 117, 123, 125, 128
연통제 78
오산 학교 41
5.10 선거 129
5.16 군사 정변 171, 178, 179, 184, 222, 240
5.18 민주화 운동 227, 228
올림픽 239, 240, 241, 244, 245, 256, 257
우익 115, 122, 123, 124, 125, 129
우정국 22
운요호 11, 12, 13, 16

원산 총파업 81, 91, 92
원자 폭탄 118, 119, 189
원조 163, 164, 165, 166, 213, 264
위안부 105, 110
유관순 75
유신 헌법 193, 195, 196, 222
6월 민주 항쟁 227, 233, 235, 236, 237, 251, 258, 260
유엔 115, 125, 128, 129, 251, 254
유엔군 150, 151, 152, 153, 154, 155, 156
6.10 만세 운동 81
6.25 전쟁 130, 131, 147, 153, 154, 155, 163, 189, 210, 213, 247, 267
6.15 남북 공동 선언 251, 255
윤봉길 51, 79, 81, 84, 85
을미사변 31, 32, 33, 55
을사오적 37, 38
을사조약 36, 37, 38
을사늑약 31, 38, 39, 40, 46, 48, 50
의열단 42, 81, 82, 83, 84, 89, 100
이광수 137, 139
이기붕 172
이명박 256, 258, 260
이봉창 51, 79, 81, 84, 85
이승만 77, 123, 124, 129, 130, 131, 139, 140, 147, 149, 150, 156, 158, 165, 166, 171, 172, 173, 174, 175, 176, 177, 184, 210, 258, 261
이완용 33, 37, 38, 137
이토 히로부미 27, 37, 45, 48
2.8 독립 선언 71, 74, 139
이한열 235
인천 상륙 작전 147, 150, 151
1.4 후퇴 149, 156
임오군란 19, 20, 21, 27, 34, 54

ㅈ

장면 172, 177
장준하 107, 108, 179, 196
전두환 179, 219, 221, 222, 223, 224, 225, 227, 229, 231, 233, 234, 235, 236, 237, 240, 241, 242, 243, 244, 245, 258, 260, 261
전봉준 25, 26, 27, 28
전태일 183, 189, 191
정경 유착 137, 163, 166, 167
정전 회담 152, 154
제2차 세계 대전 66, 110, 121, 141, 189, 267
제너럴셔먼호 15, 16
제암리 75
조선민주주의인민공화국 127, 135
조선일보 63, 67
좌우 합작 위원회 125
좌익 115, 123, 124, 125, 153, 171
중국군 108, 147, 150, 154, 155, 156
중산층 239, 244, 245
중앙정보부 194, 196, 199, 253
직선제 195, 227, 234, 236, 237
집강소 26, 27
징병 105, 107
징용 68, 109, 142, 163, 185

ㅊ

창씨개명 106, 139
척화비 15
청산리 전투 42, 81
청일 전쟁 31, 32, 34, 36
최규하 219, 224
최루탄 171, 172, 235
최승희 95, 101
친일파 67, 69, 82, 106, 125, 133, 134, 135, 137, 138, 139, 140, 141, 181
7.4 남북 공동 성명 209, 251, 253

ㅋ

쿠데타 194, 219, 222, 233

ㅍ

탑골 공원 72, 75
태형 65, 66
토지 제도 134
토지 조사 사업 63, 66
통일주체국민회의 195

ㅌ

프로 야구 240, 241, 242

ㅎ

한강의 기적 181, 183, 187, 210, 243
한국광복군 81, 88, 89, 108, 179
한인애국단 81, 84, 85
헤이그 특사 39
호헌 234, 235, 236
홍범도 86, 87
휴전선 152, 210, 252
흥선 대원군 14, 15, 33

참고 문헌

강만길, 《고쳐 쓴 한국근대사》, 창비
강응천 외, 《근현대사신문:근대편》, 사계절
강준만, 《한국 근대사 산책1~10》, 인물과사상사
강준만, 《한국 현대사 산책 1940년대편 1~2》 인물과사상사
강준만, 《한국 현대사 산책 1950년대편 1~3》 인물과사상사
강준만, 《한국 현대사 산책 1960년대편 1~3》 인물과사상사
강준만, 《한국 현대사 산책 1970년대편 1~3》 인물과사상사
강준만, 《한국 현대사 산책 1980년대편 1~4》 인물과사상사
강준만, 《한국 현대사 산책 1990년대편 1~3》 인물과사상사
강준만, 《한국 현대사 산책 2000년대편 1~5》 인물과사상사
권태억 외, 《근현대 한국 탐사》, 역사비평사
김기조, 《38선 분할의 역사》, 한국학술정보원
김대중, 《김대중 자서전》, 삼인
김동진, 《1923 경성을 뒤흔든 사람들》, 서해문집
김동춘, 《대한민국은 왜?》, 사계절
김동춘, 《전쟁과 사회》, 돌베개
김삼웅, 《박정희 평전》, 앤길
김삼웅, 《약산 김원봉 평전》, 시대의 창
김삼웅, 《한국 현대사 뒷이야기》, 가람기획
김성동, 《현대사 아리랑》, 녹색평론사
김성보 외, 《사진과 그림으로 보는 북한 현대사》, 웅진지식하우스
김성칠, 《역사 앞에서》, 창비
김성희, 《1면으로 보는 한국 근현대사》, 서해문집
김원, 《87년 6월 항쟁》, 책세상
김학준, 〈분단의 배경과 고정화 과정, 해방전후사의 인식1〉, 한길사
김흥식, 《안중근 재판정 참관기》, 서해문집
님 웨일즈, 《아리랑》, 동녘
도진순, 《백범일지》, 돌베개
문소영, 《조선의 못난 개항》, 역사의 아침
박명림, 《한국전쟁의 발발과 기원》, 나남
박시백, 《35년 1~3》, 비아북
박찬승 외, 《쟁점 한국사 : 근대편》, 창비
박기동, 《매혹의 질주, 근대의 횡단》, 산처럼
박태균 외, 《쟁점 한국사 : 현대편》, 창비
박태균, 《한국전쟁》, 책과함께
박호재 외, 《윤상원 평전》, 풀빛
백무현, 《만화 박정희》, 시대의 창

브루스 커밍스, 《브루스 커밍스의 한국현대사》, 창비
브루스 커밍스, 《브루스 커킹스의 한국전쟁》, 현실문화
서경식, 《역사의 증인 재일 조선인》, 반비
서중석, 《6월 항쟁》, 돌베개
서중석, 《사진과 그림으로 보는 한국 현대사》, 웅진지식하우스
서중석, 《서중석의 현대사 이야기 1~15》, 오월의봄
서중석, 《한국현대사 60년》, 역사비평사
송남헌, 《해방 3년사》, 까치
송은영, 《서울 탄생기》, 푸른역사
신명직, 《모던 뽀이, 경성을 거닐다》, 현실문화
신복룡, 《한국 분단사 연구》, 한울
안문석, 《북한 현대사 산책 1~5》, 인물과사상사
여연구, 《나의 아버지 여운형》, 김영사
역사학연구소, 《함께 보는 한국근현대사》, 서해문집
와다 하루끼, 《와다 하루끼의 북한 현대사》, 창비
유시민 노무현, 《운명이다》, 돌베개
이기형, 《여운형 평전》, 실천문학사
이덕일, 《이회영과 젊은 그들》, 역사의 아침
이순진 외, 《한국현대 생활문화사 1~4》, 창비
이완범, 《38선 획정의 진실》, 지식산업사
이완범, 《한반도 분할의 역사》, 한국학중앙연구원출판부
이완범, 《해방 3년》, 태학사
이이화, 《전봉준, 혁명의 기록》, 생각정원
이임하, 《계집은 어떻게 여성이 되었나》, 서해문집
이정식, 《대한민국의 기원》, 일조각
정병준, 《우남 이승만 연구》, 역사비평사
정병준, 《한국전쟁 : 38선 충돌과 전쟁의 형성》, 돌베개
정승교, 《미래를 여는 한국의 역사 4》, 웅진지식하우스
정운현, 《호외, 백년의 기억들》, 삼인
조한성, 《한국의 레지스탕스》, 생각정원
진석용, 〈38선은 누가 그었는가〉, 한국사연구 제4호
최규석, 《100℃》, 창비
한홍구, 《유신》, 한겨레출판
한홍구, 《지금 이 순간의 역사》, 한겨레출판
허영선, 《제주 4·3을 묻는 너에게》, 서해문집
황석영 외, 《죽음을 넘어, 시대의 어둠을 넘어》, 풀빛
황현, 《매천야록》, 서해문집

사진 제공

강화군청 16
경향신문 198, 199, 225, 228, 229, 230, 234, 241, 246
공공누리 15(위), 15(아래), 33, 66, 129
국가기록원 184, 187, 195(오른쪽), 195(왼쪽), 202, 203, 223, 224, 242, 253
김대중도서관 197
대한민국고엽제전우회 185
대한민국역사박물관 78
독립기념관 68, 84~85
서울시립대박물관 24
서울역사박물관 96
연합뉴스 198, 236, 248, 254, 259, 265
전태일재단 191

폭력
이것도 폭력이야?
김준형 글 | 류주영 그림

폭력은 우리 사회를 병들게 하는 악 중에 하나입니다. 과연 폭력이 무엇이며 그 시작과 끝은 어디인지, 폭력을 뿌리 뽑기 위해서는 어떻게 해야 하는지 알아봅니다.

GMO
유전자 조작 식품은 안전할까?
김훈기 글 | 서영 그림

GMO는 생명의 존엄성과 관련하여 끊임없이 논란이 되고 있는 첨단 과학 기술입니다. GMO가 무엇인지 알아보고, 정말로 인류에게 이로운지 GMO에 대한 진실을 살펴봅니다.

통일
통일을 꼭 해야 할까?
이종석, 송민성 글 | 최서영 그림

통일은 아직도 모두가 간절히 바라는 소원일까요? 북한은 어떤 나라일까요? 북한과 통일을 왜 해야 하는지, 통일을 한다면 어떻게 해야 하는지 깊이 있게 살펴봅니다.

노동
우리 모두 노동자가 된다고?
오찬호 글 | 노준구 그림

인류는 아주 오래전부터 노동을 해 왔지만 노동을 둘러싼 고정 관념 때문에 터부시합니다. 노동의 진정한 의미를 살피고 어떻게 하면 노동에 대한 편견을 바로잡을 수 있는지 알아봅니다.

성평등
성 고정 관념을 왜 깨야 할까?
손희정 글 | 순미 그림

성 고정 관념은 차별을 만들어 낼 뿐만 아니라 우리를 가두는 거대한 편견입니다. 모두가 평등하고 행복한 세상을 만들기 위해서는 무엇을 해야 하는지 알아봅니다.

함께 생각하자 시리즈